演说变现

说出你的财富自由

侯辰 著

电子工业出版社
Publishing House of Electronics Industry
北京·BEIJING

未经许可，不得以任何方式复制或抄袭本书之部分或全部内容。
版权所有，侵权必究。

图书在版编目（CIP）数据

演说变现：说出你的财富自由 / 侯辰著 . —北京：电子工业出版社，2023.10

ISBN 978-7-121-46015-9

Ⅰ.①演… Ⅱ.①侯… Ⅲ.①口才学—通俗读物 Ⅳ.① H019-49

中国国家版本馆 CIP 数据核字（2023）第 135618 号

责任编辑：王欣怡　　文字编辑：刘　甜
印　　刷：三河市鑫金马印装有限公司
装　　订：三河市鑫金马印装有限公司
出版发行：电子工业出版社
　　　　　北京市海淀区万寿路 173 信箱　邮编：100036
开　　本：720×1000　1/16　印张：16　字数：164 千字
版　　次：2023 年 10 月第 1 版
印　　次：2023 年 10 月第 1 次印刷
定　　价：68.00 元

凡所购买电子工业出版社图书有缺损问题，请向购买书店调换。若书店售缺，请与本社发行部联系，联系及邮购电话：（010）88254888，88258888。

质量投诉请发邮件至 zlts@phei.com.cn，盗版侵权举报请发邮件至 dbqq@phei.com.cn。

本书咨询联系方式：424710364（QQ）。

前言
FOREWORD

在日常工作与生活等场景中，我们常常需要向别人阐述自己的观点、看法等。而一提到演说，我们就会不自觉地联想到一方滔滔不绝，另一方哑口无言、连连点头的场景。这不是真正的演说之道。

演说绝不等同于以混淆视听的手段蒙骗他人，其本质是根据对方的心理活动和需求，结合适当的技巧和策略改变他人的想法及做法。

我国著名散文家朱自清说："人生不外言动，除了动就只有言，所谓人情世故，一半是在说话里。"而演说占据了说话内容的较大比例，因此演说是每个人都应该具备的能力。

虽然本书和市面上已有的同类书都是与演说、讲话相关的实操书，但本书结构清晰，内容系统、全面，并含有大量丰富生动的案例。在内容方面，本书以方法、技巧等干货为主，具有极强的实用性。

本书共分为12章，从准备、理论、实战三大角度具体阐述演说之道。

其中，准备角度包含演说的意义、思维导图、拟定计划、识别对象等方面，具体包括演说要素、搭建思维导图、各类型演说对象的特点及演说策略等内容。

理论角度包含演说原则、禁忌与易错点、演说技巧等方面，具体包括好感原则、期望原则、说服他人时前后矛盾的弊端及改善策略等内容。

实战角度包含讲述故事、巧妙提问、攻破心防等方面，具体包括故事对演说的作用、高效提问的方法、分析演说对象的心理等内容。

本书合理安排了理论与干货之间的比例，以实操性的内容为主，能为读者提供优质的阅读体验。

本书适用对象为各类谈判专家、销售人员、企业管理者、白领、演说讲师、相关专业的高校学生等。通过阅读本书，读者能系统地了解演说之道，将所学知识运用到实际演说过程中。本书理论翔实，通篇用通俗易懂的语言和丰富的案例为读者解读与演说变现相关的知识。相信读者通过阅读本书，能快速、有效地掌握演说知识，提高演说能力和情商，开启顺畅的演说变现之路。

序
PREFACE

你好，我是演说变现知识体系架构导师侯辰，很高兴我们能在这本书中相遇。

我有过1600多场公众演说的经历，辅导过近千位企业创始人的演说。

这些年来，我通过不断演说创办了自己的演说平台和女性平台，同时吸引了创业生涯中的投资人、合作伙伴，甚至在创业低谷期找到了支持者。可以说，演说改变了我的人生。我也通过演说和演说辅导，影响了近百万名学员，让他们通过演说找到梦想并实现了自身价值！

2020年，我成为多国领导人访华的演说总顾问，很多国家的前任领导人来到中国，都是我及我的团队来定制、打磨其发言稿的。

同年我获得了"亚洲品牌十大杰出女性"称号，并受邀到剑桥大学发表演说《女性的力量》。那一刻，我终于用中国女性的声音让世界看到了中国女性的力量！

在我12年的从业生涯中，我辅导过不少成功人士，他们都是各自领域的佼佼者，而他们唯一的弱点是不擅长在公共场合讲话。

但这几乎是一个致命的弱点：一次完美的招商需要演说，一次精彩的项目推介需要演说，一次成功的竞聘更需要演说。

在写这本书之前，我翻阅了市面上几乎所有的同类书，发现它们中的大多数都偏重理论，很难落地。于是我冒出了写这本书的想法，我要把我这些年在演讲上积累的经验和独家秘籍都分享给你，只要如法"炮制"，就能设计出一场精彩的演说。

这本书结构清晰，内容系统、全面，书中列举了大量丰富生动的案例，以方法、技巧等干货为主，是一本实用、可落地的演说书。

你可能会问："我不是企业家、成功人士，是不是就不需要学习演说了呢？"

我要告诉你的是，演说不仅仅是舞台上的分享，也不只是成功人士、老板、CEO 的专利。其实，演说即日常，演说即输出，演说无时不在。如果你需要说话，如果你需要好好地跟这个世界聊天，那么你也一样需要演说。

试想一下，在开会时，你难免需要做公开发言、工作汇报；在和别人交谈时，你难免需要讲故事、表达观点，甚至说服别人。而你又曾经多少次因为表达不清、词不达意而痛失良机？

这本书结合了心理学知识，从计划、提问、形式、原则、技巧、禁忌等多个方面详细阐述了与演说变现有关的内容，可以帮助你全面、清晰地了解演说过程中经常涉及的一些问题，减少演说失误，提高说服他人的能力，从而更轻松地实现变现。可以说，本书是学习演说的必备指南。

希望你通过阅读本书，掌握演说的相关知识和技巧，并将其运用到实际的演说过程中，将强说服力变现为实际收益。

目录
CONTENTS

第1章 **演说之道：**
提升说服力，轻松拥有高情商

第2章 **思维导图：**
说服对方的必要前提

1.1	演说的四要素	_ 003
1.2	演说的秘密在于洞察人性	_ 004
1.3	学会隐藏自己的演说意图	_ 008
1.4	他为什么拒绝被演说	_ 009
1.5	向一个人演说 vs 向一群人演说	_ 011
1.6	演说大师都是逻辑高手	_ 012
1.7	提升语言魅力，做演说高手	_ 014
1.8	演说大师的必备优点	_ 016

2.1	绘制思维导图的步骤	_ 021
2.2	把有用的东西写在纸上	_ 023
2.3	通过 MECE 分析法提取关键词	_ 025
2.4	分析理由，梳理大分支	_ 027
2.5	细化思考，获取小分支	_ 029
2.6	分清主次，按顺序阐述	_ 030
2.7	案例：如何说服合伙人	_ 032

第3章 拟定计划：
凡事预则立，不预则废

第4章 言之有理：
让对方心服口服的奥秘

3.1 理解"我为什么要进行演说" _037
3.2 多角度分析,提升演说的成功率 _039
3.3 明确 4 个问题,让演说计划更清晰 _040
3.4 塑造讨喜人设,以第一印象定成败 _041
3.5 如何避免演说时大脑一片空白 _044
3.6 保持良好的耐性,成功可能就在下一秒 _046
3.7 案例:如何找到长期合作的赞助商 _047

4.1 用黄金圈法则增强说服力 _053
4.2 少说错误的话,一言胜千金 _056
4.3 说"因为"不一定要有因果关系 _057
4.4 用道具增强你的说服力 _058
4.5 "利"放在前,"理"放在后 _060
4.6 尊重的态度是互信的基础 _062
4.7 案例:如何让投资人掏钱 _064

第 **5** 章　**讲述故事：**
　　　　　讲故事比讲道理更有效

第 **6** 章　**巧妙提问：**
　　　　　学会提问，让对方自己说服自己

5.1	为什么要在演说中讲故事	_ 069
5.2	好故事应该什么样	_ 071
5.3	故事，真实性 or 戏剧性	_ 074
5.4	用故事打造完美形象	_ 075
5.5	好习惯生产好故事	_ 078
5.6	场景与故事是最佳拍档	_ 080
5.7	把对方拉进你的故事中	_ 081
5.8	瞄准对方的情绪爆发点	_ 084
5.9	案例：在招商演说中如何巧用故事	_ 086

6.1	小问题有大能量	_ 091
6.2	引导对方说出你想要的答案	_ 093
6.3	将信息融入问题中	_ 095
6.4	高效的"6+1"问题成交法	_ 097
6.5	提问越多，讲话越少	_ 099
6.6	利用提问，吸引对方注意力	_ 102
6.7	开放性问题更加实用	_ 103
6.8	3种有效的提问方法	_ 106
6.9	案例：如何用提问说服大客户	_ 109

第 **7** 章 　 **说话形式：**
在细微之处打动听众

第 **8** 章 　 **意外事件：**
及时反应，巧妙处理

7.1 开场：活用主题句和排比句 _ 115

7.2 画面感：描绘具体场景 _ 117

7.3 细节描述："冰块比马桶还脏" _ 119

7.4 修辞："电老虎会咬人，千万不能碰" _ 121

7.5 欲扬先抑：先告诉对方产品存在缺点 _ 122

7.6 谈吐：吐字清晰，发音准确 _ 124

7.7 重复：强化重要内容 _ 125

7.8 案例：从共同话题入手拉近双方距离 _ 127

8.1 出现口误：将负面危机转化为机遇 _ 133

8.2 忘词：及时调整，借机与听众互动 _ 135

8.3 刁钻问题："以柔克刚"，争取私下解决 _ 137

8.4 缺乏互动：主动引导，活跃气氛 _ 140

8.5 故意打断：委婉提醒，做好控场 _ 144

8.6 设备故障：不要慌乱，说明情况 _ 145

8.7 噪音干扰：找到干扰源，调试设备 _ 147

8.8 案例：在演说中巧妙化解口误 _ 150

第 **9** 章　**攻破心防：**
共情是说服的利器

第 **10** 章　**说服原则：**
掌握科学方法，让说服更轻松

9.1	做造梦者，而非碎梦者	_ 155
9.2	为什么大家都喜欢幽默的人	_ 157
9.3	话中设置悬念，引起对方好奇心	_ 159
9.4	长话短说，击碎理解屏障	_ 161
9.5	"自黑"其实是聪明的做法	_ 163
9.6	认真倾听对方的需要和意见	_ 167
9.7	使用正面、热情、通俗的语言	_ 168
9.8	案例：演说者如何"hold"住全场	_ 171

10.1	好感原则：成为对方的灵魂伴侣	_ 177
10.2	稀缺原则：营造强烈的紧迫感	_ 180
10.3	反向原则：激将法的完美应用	_ 182
10.4	一致性原则：说什么就做什么	_ 186
10.5	从众原则：用大多数人做"挡箭牌"	_ 189
10.6	期望原则：了解对方想要什么	_ 190
10.7	案例：如何拥有一个好的演说开场白	_ 195

第11章 善用技巧：
融会贯通，变身"说服大师"

第12章 禁忌与易错点：
你为什么无法说服别人

11.1　留面子效应：为得寸先进尺　_ 201

11.2　登门槛效应：得寸再来进尺　_ 204

11.3　你离说服别人只差一个关键理由　_ 205

11.4　信息操控理论：操控信息和自己"站队"　_ 207

11.5　损失厌恶效应：先告诉对方他将失去什么　_ 208

11.6　结果导向：先说结果，再说过程　_ 211

11.7　反面论证：提出反面论据，然后驳斥它　_ 212

11.8　互惠心理："受人玫瑰"理应"回以余香"　_ 214

11.9　案例：如何说服一个拒绝过你的人　_ 216

12.1　少评价你不了解的领域　_ 221

12.2　自说自话，只会让人反感　_ 223

12.3　你是心直口快还是口无遮拦　_ 225

12.4　说话不知所云，怪不得没人听你的　_ 227

12.5　把"可能性"说成"必然性"　_ 230

12.6　前后矛盾，想到哪里说哪里　_ 232

12.7　案例：如何成为说服别人下单的销售达人　_ 234

第 1 章

演说之道：
提升说服力，轻松拥有高情商

在日常生活和工作中，我们会遇到形形色色的人，在和他们沟通的过程中，偶尔会产生争议和矛盾。而在商业世界中，矛盾会影响利益。如果我们的观点能够说服他人，我们就能为自己多争取一些机会，从中获得更多利益。本章详解演说之道，揭秘如何在演说时以高情商的讲话方式不动声色地提升说服力。

1.1 演说的四要素

演说是一个改变别人的想法，让别人跟随自己的过程，其主要方法是通过强有力的论据，改变对方的思考方式，让对方认同你的观点。说服力是一种让人"心悦诚服"的能力，拥有说服力的人能够让别人听他的，觉得他讲的是对的。

那么，一个演说的场景是由哪些要素组成的呢？

首先，是信息的传达方，也就是演说者。一个能成功说服他人的人要拥有可信度、专业性、信赖性、吸引力等特质。

其中，可信度指的是我们的信用积累及在别人心目中我们是否可信，它会影响对方对我们的第一印象。

专业性指的是我们在某一领域的专业成就，如学术成就、项目经历、工作经验等，它会影响我们说话的力度，毕竟人人都有慕强心理，更愿意接受权威人士的观点。

信赖性指的是说话风格、情感态度等演说者在演说过程中表现出来的特点，它会影响对方下意识的判断。如果我们的语言足够有力，就能弥补可信度和专业性的不足。

吸引力指的是我们的外表、性格等特质是否与对方有相似性，它会影响对方对我们的倾向性。毕竟人们都会更偏爱自己喜欢的人，下意识排斥自己讨厌的人。

其次，是演说内容。演说内容是整个演说过程的重点，它既要有逻辑，能传达重要信息，又要饱含情感，让人容易接受。

再次，是演说渠道。好的渠道可以让我们的观点更容易被他人接受，我们要学会在不同场合使用不同的方式向别人演说自己的观点，如用面对面的方式进行投资路演，用书面文件向股东演说，用媒体广告向消费者演说等。

最后，是信息的接收方，也就是演说对象。演说是一门观察人的学问，我们所有的话都要围绕演说对象展开。所以我们要充分了解演说对象的特质，如年龄、经历、性格、背景、爱好等，避免因信息不对称产生演说失误。

1.2 演说的秘密在于洞察人性

演说是一门观察人的学问，我们要通过了解演说对象的行为特点、内心想法、目的动机，对他们做出合理干预，以此达到说服别人的目的。在演说层面，涉及的人性理论主要有以下3个。

1. 行为影响态度

你知道"蜥蜴脑"吗？"蜥蜴脑"指的是无意识思维，它源于原始的大脑结构，这种结构一般是蜥蜴等爬行动物才具有的。演说层面的"蜥蜴脑"指的是"行为决定一切"，我们向别人演说，更多的是想通过演说改变别人的行为。

有人可能会认为"态度决定一切"，因为在大多数情况下我们一般会先向别人演说，使其改变态度，进而再让他们改变行为。

事实真的如此吗？

一个过度肥胖的人，难道不知道快餐和膨化食品含有高热量、高脂肪吗？但凡他有一点生活常识，他就肯定知道。也许一天内他多次在心里想变瘦、变健康，但当炸鸡、汉堡摆在他面前时，他依然会吃得津津有味。

可见，改变别人的态度并不是一个有效的演说手段。我们可以试着直接改变别人的行为，或许这才是正确的方式。

如果能让别人直接改变行为，那么不管他持什么态度，演说都是成功的。设想一下，肥胖者的抽屉里不再放着零食和饮料，而塞满了新鲜果蔬，并且他降低了吃快餐的频率，虽然"吃"这个行为并没有改变，但减肥者摄入的卡路里一定变少了。在说服别人直接改变行为的过程中，我们不能以"终极行为"为目标，而应以"行为本身"为目标。

这样做的原因有3点。

第一，心理学家已经证实，态度与行为之间的联系并不密切，对特定行为的态度越具体，态度与行为间的反差就越大。

第二，行为比态度更容易改变。我们的行为受态度与环境的双重影响，但环境的影响更大。态度通常抗拒改变，而环境则多变。因此，改变环境是一种更容易改变行为的方式。

第三，社会心理学的认知失调理论和自我知觉理论证明，行为会影响态度，甚至改变态度。

例如，在买车时，我在两厢车和三厢车之间犹豫不决，最终我选择了三厢车。之后，我对自己的选择越来越满意，越来越觉得两厢车不好。根据认知失调理论，这是因为当人们的行为和态度有出入时，人们可能会感到不快，进而通过调整态度来减轻不快感，所以说行为会影响态度。

因此，演说应该以改变行为为目标，而非以改变态度为目标。我们在向别人演说前应该看他做了什么而非说了什么。

2. 切忌改变他人的愿望

我们在向他人演说时除了习惯以改变态度为目标，还经常试图改变别人的愿望。但是在"蜥蜴脑"的影响下，人们对改变自己愿望的话语从来都是抵触的。因此，我们应该努力将演说的内容与帮助对方实现愿望联系起来，而不是劝说他们改变愿望。

例如，我们要让一个叛逆的青春期少年打消辍学的念头。我们苦口婆心地跟他说学校如何好、同学如何好、社会多么复杂等，他多半都不会放在心上，因为他就是因为学校、老师、家长的管教才想辍学的。

这时，我们可以换一种方式，不改变他的愿望，而是告诉他一种更好实现愿望的方式，那就是毕业。只要顺利毕业，他所讨厌的严苛的管教都会消失，而任何影响毕业的事都在延长他被管教的时间。这时，他就会意识到逃课、打架等行为都是妨碍他独立生活的绊脚石。

3. 需求与痛点是最好的演说切入点

如果演说者想要实现演说内容的有效传递，提升说服对方的成功率，那么演说者在演说前就要了解对方的身份特征、喜好和需求。

一般来说，人们的需求、喜好和其职业、年龄、性别等因素有关。在演说前，演说者要明确自己能够解决对方的什么问题，给对方带来什么价值等。人们往往对和自己利益密切相关的内容更感兴趣，接受程度也更高。因此，演说者在向别人演说时要洞察其真实需求，击中其痛点，用巧妙的话语和演说方式满足对方的需求，在无形中向其传递自己的观点、意见，潜移默化地改变对方的认知，进而改变其行为。

演说的秘密在于洞察人性，想要成功说服一个人，表面上的劝导和说教很难起到有效的作用。我们要学会了解对方的行为逻辑和内在动机，影响他们下意识的行为，从而达到说服对方的目的。

1.3 学会隐藏自己的演说意图

直接说服对方是一件很困难的事，如果带有某些目的去说服他人，那么成功说服对方的希望更渺茫。因此，我们在演说的过程中，要先把自己的动机隐藏起来，待用语言和心理攻势让对方有所动摇之后，再将其拉入自己的阵营，巧妙表达自己的诉求，以让对方更容易接受自己。

小赵是一个拉广告赞助特别厉害的人，很多不轻易赞助别人的企业家都会被他成功说服。有人向小赵请教经验，他说："我每次拉赞助时一定要邀请对方见面，只要见面，我就可以让对方非赞助我不可。"

其实，小赵的方法并不复杂。他每次邀请对方见面后，不会提让对方赞助自己的事，而是先和对方天南海北地聊天。两人在谈话过程中越聊越投机，最后小赵再适时地提一句："你这样一提，使我想起了××问题，你认为如何？"

其实这个问题小赵从开始聊天时就已经在铺垫了，等对方开始就这个问题发表意见时，小赵就继续说："太好了！我觉得你的意见非常好，能不能请你按照这个想法向贵公司宣传宣传呢？"在一般情况下，对方碍于面子都会答应，因为小赵不仅和自己聊得投机，而且宣传方案还是自己想出来的。

在日常生活中，即使我们没有什么目的，只是单纯地想要发表自己的意见，也可以用这种方法。例如，"听你这样说，使我想起××"或"就像你所说的××"等，先用对方的话做铺垫，引导他们说出自己的意见，这样我们要表达的观点就变成他们自己想出来的了。既然是对方自己的观点，他们当然会很快接受。

学会这个技巧对成功说服别人而言很重要。因为如果直截了当地提出观点，对方会因为我们的强势产生压迫感，进而生出一种"我为什么要听你的"的逆反心理。这时，即使我们的想法是正确的，他们也很难认同。但若把自己的观点包装成对方的观点就完全不同了，因为人们很少会反驳自己的观点。因此，即使是我们自己在主导谈话，也要适时地推崇一下对方的观点，以便让对方更愿意倾听我们的话。

1.4 他为什么拒绝被演说

大多数人可能都有这样的经历：在服装店买衣服时，本来一眼看中了某件衣服，决定买单，但是销售人员还在不断地推销其他服装，滔滔不绝地讲服装的用料、款式有多么好，最终导致我们内心的消费欲望被消磨掉，一件衣服都不想买了。

为什么会出现这种现象呢？因为在销售人员不断说服我们购买其他服装的过程中，触发了超限效应，引起我们的逆反心理。

销售人员向客户推销商品不能超过限度，一定要把握好度。例如，对商品的特点只介绍一次，如果想要强调商品的某一优点，也不应简单地重复，而应换个角度或者换一种说法，这样客户才不会产生厌烦心理，也就不会触发超限效应了。如果销售人员喋喋不休地推销，希望客户购买更多的商品，那么客户听了会很反感，本来要购买的商品也不会购买了。

超限效应是人们的一种自我保护机制，它指的是因刺激过多、过强或过久，引起了心理免疫甚至逆反心理。我们的潜意识会保护我们不受伤害，当我们遭受强烈的、连续的刺激时，本能会帮助我们无视这些刺激，从而让精神免于崩溃。

除了心理免疫，逆反心理也会触发超限效应。有一个很经典的案例，马克·吐温有一次听牧师演说，最初被牧师打动，打算捐一大笔钱。10分钟后，牧师还在讲，马克·吐温有些不耐烦，打算只捐点零钱。又过了10分钟，牧师依然在台上喋喋不休，马克·吐温决定一分钱也不捐了。当牧师讲完时，已经有些气愤的马克·吐温不仅没捐钱，还从捐款箱里拿走5美元。这就是逆反心理引发的超限效应。

可见，长篇大论的演说策略有时未必有效，反而可能会引起对方的反感。例如，有些创业者在进行商业路演时，仅描述项目就花费10分钟、半小时，甚至1小时，反复展示项目的优点及未来发展前景。殊不知，描述时间过长会导致投资人昏昏欲睡，根本记不住重点内容。事实上，项目内容描述两分钟就足够了。正所谓言多必失，讲得越多越有可能让投资人失去耐心。

比武讲究点到为止，同理，说服别人也要讲究度。当我们要说服一个投资人向我们投资时，我们要明确演说的核心内容和想要达到的效果，在演说时清晰地表达出核心内容即可。一般来说，投资人都是有着丰富经验的商场老手，对展示的项目内容有着极高的理解能力。因此，创业者在说服投资人投资时切忌废话过多，这样会给投资人留下不够干练、不够果断的负面印象。

1.5 向一个人演说 vs 向一群人演说

在向别人演说时，我们会遇到两种情况：一种是向一个人演说，另一种是向一群人演说。一般来说，向一群人演说要比向一个人演说容易一些。为什么呢？

当向一个人演说时，我们一般处于一对一的场景里，在这种情况下，每个个体都想展现自己的实力，不想被对方压下去。所以，在向一个人演说时，即使对方在逻辑上接受我们的演说，也会下意识地找一些歪理来反驳我们，以找回自己的面子。

因此，向一个人演说的重点要放在帮对方清理障碍上，减少对方因接受意见而付出的成本，对方没有丢面子的感觉，自然会在不知不觉中被我们说服。

相反，向一群人演说会更加容易一些。因为场景不同，对方内心被驳斥的不适感会减少许多。而且，因为同群效应，只要群体中有一个人被成功说服，就会影响其他人，进而让更多人做出相同的选择。同群效应也叫格兰诺维特效应，指的是人在做出选择时，会受周围人的影响，从而改变自己的选择结果。

在向一群人演说的过程中，我们的表现会影响演说对象整体的情绪，最好的办法就是有意看着别人的眼睛说话。如果不太习惯，我们也可以看着别人的额头或鼻梁说话。这样可以为发言增加真诚的感觉，让别人更加信任我们。

无论是向一个人演说还是向一群人演说，我们都要学会站在对方的角度组织语言，这样才能让对方在不知不觉中被说服。

1.6 演说大师都是逻辑高手

在工作和生活中，说服力强的人往往会得到很多好处。例如，拥有很强的说服力的创业者更容易获得知名投资人的投资；演说大师通过教授别人演说技巧，获得收益；拥有很强说服力的电商主播更容易让消费者认可、信赖自己的商品，提高商品销量。

那么，我们怎样才能成为演说大师呢？

在如今这个竞争激烈的时代，人人都希望抓住机会，表现自己，获得成功。说服别人不能只有恒心和毅力，还要讲逻辑。

很多人之所以说服力不足，是因为他们只看到了对方头脑里的欲望而没有看到期望。欲望是指头脑中虚无缥缈的想法，会根据环境随意变化。而期望是指心中最真切的愿望，不会根据环境改变。

认清了对方心中的期望，接下来就要按照逻辑满足其期望，从而轻松说服对方。在演说时，演说者可以遵循以下逻辑。

第一，下结论。发表对事物的总结性判断。

第二，论证。给出至少3个理由。

第三，好处。指出对对方的意义或价值。

例如，一位售卖坚果礼盒的直播间带货主播在进行直播销讲时，可以这样说："粉丝好，我们的这款产品可以满足您春节送礼的需求，提升您送礼的档次。因为我们的产品外包装十分精美，采用传统的中国红，符合春节的喜庆氛围（理由1）；我们的产品有不同组合，包括巴旦木、碧根果等11种坚果，且采用优质工艺烘焙，最大限度地保证坚果的口感和营养（理由2）；我们的礼盒中还随机赠送了各种各样的小礼品，您可以像开盲盒那样收获惊喜（理由3）。所以，购买我们的产品绝对可以让您过一个幸福美满的春节（好处）。"

这样说可以让对方按照我们的思路去思考，而且给出的3个理由可以成为帮助其实现自己期望的条件。在逻辑的作用下，对方就有可能同意我们的观点，产生购买行为。

这就是逻辑的妙用，反复说教不仅效果微弱，而且有时会起到反作用。而有逻辑的演说则不同，它能一步一步击中人们心中最真切的愿望，引导对方主动思考，为了自身利益，同意你的观点。

1.7 提升语言魅力，做演说高手

增强说服力不是一朝一夕的事，我们除了要拓展知识面、学习观察别人，还要提升语言魅力，做到既会说，又说得好听。演说者可以采取以下措施提升自身语言魅力，使自己的演说更具说服力。

1. 用对方听得懂的语言阐述

人与人之间的沟通是一个信息交换的过程，而词语是信息的基础。如果我们想要说服某个人同意我们的观点，那么我们必须使用对方能理解的语言，如此才能清楚陈述自己的观点，降低他人误判的概率。例如，如果你的公司研发了一款App，那么面对不懂技术的投资人，你肯定不能从技术角度向他介绍产品，而是要说这款App能实现什么功能、市场需求怎么样，因为这才是他听得懂的语言。

2. 丰富自己的词汇储备

增加词汇量对提升说服力具有重要意义。平时我们可以按多听、多读、多记、多用的原则增加词汇量。多倾听他人的演说，学习演说技巧；养成阅读习惯，积累词句；多记忆学习到的词语，增加词汇储备；多实际运用所学词语，培养语感。总之，丰富的词汇储备可以让我们在进行演说时避免陷入词不达意的窘境，更高效地达成自己的演说目的。

3. 传递自身情感

在演说中，演说者要善于向对方传递自身情感，以调动对方的情绪，让对方产生情感共鸣。例如，演说者可以从自身经历或身边发生的事入手，将自己所要表达的情感依附于具体的事情上，这样可以将对方带入具体的情境中，有利于激发对方的同理心，拉近双方的情感距离，提高对方对演说内容的接受程度。

4. 巧用段子

如果演说者不懂幽默，那么很难调动对方的情绪。如果演说者能够适当运用幽默的技巧，讲一些真实、接地气的段子来缓和严肃、紧张的气氛，就会形成一种磁场效应，让演说更具魅力和人情味。幽默的演说者更受听众欢迎，更容易取得他们的认可和信任。

5. 注意语速、语调、停顿

在演说过程中，演说者在讲不同的内容时应该使用不同的语速，适当放慢或加快语速，都会有不同的效果。但是要注意，语速太快或太慢都是不合适的。在一般情况下，120～200字/分钟是正常的语速。如果演说者发现自己的语速过快或过慢，就要适时训练，及时调整。

有些演说者在演说时一直用一种语调说话，没有音量、语速等的变化，导致听众有一种昏昏欲睡的感觉。要想使演说始终保持吸引力，演说者可以尝试以不同的语调阐述不同的内容。例如，在讲到重点内容时，演说者可以提高音量，并且在说完后稍做停顿，这样可以给对方留下一些思考的时间，让对方更好地理解演说内容。

1.8 演说大师的必备优点

演说是一种富有说服力、鼓动性的说话方式。在一些演说场景中，如进行商业路演、现场销讲、直播销讲等，如果演说者具有较强的说服力，那么往往能够取得很好的演说效果。纵观世界上的演说大师，他们存在一些共同的优点。

第一，没有多余的习惯性动作和口头禅。我们有时在说话时很容易下意识地增加"那个""然后""就是"等口头禅或者下意识地去撩头发、摸鼻子等。这些习惯性动作很容易给对方带来不安或不信任感，因为这些小动作在传递一种"我也不确定"的感觉。所以具有较强说服力的人在演说时小动作很少，他们会坚定地看着对方的眼睛，以此传递出自己很靠谱的感觉。

第二，用数字说话。演说大师往往喜欢用数字说话，因为数字能让表达更具象化，可以让对方进行客观的判断，从而更容易说服对方。演说大师卡耐基认为，数字非常枯燥，因此我们应该用生动、鲜明的语言来说明这些数字。他曾在演说中表示："在每100个接通的电话中，有7个是超过了1分钟才接通的。这表示，每天约有28万分钟就这么浪费了。这样过了6个月，纽约因为迟接电话所浪费的时间，几乎是自哥伦布发现新大陆以来所有的工作日。"

第三，充满信心地说话。演说大师对自己说的内容有自信，这种自信会通过声音和姿势等表现出来，从而产生一种强大的气场。在日常生活中，我们身边那些做事总是胸有成竹且坚定自己观点的人，是不是总会更容易得到别人的信任呢？

第四，注意打扮。说服力不仅体现在语言上，还体现在外表上。例如，在某个正式的融资路演会议上，如果要判断一个身着运动服的人和一个身着西装的人谁更靠谱，人们一定会更偏向后者。信任感是通过各个方面传达出去的，有些我们平时不会注意的小细节，如衬衫上褶皱明显、袖子磨损、发型凌乱等都可能影响我们的说服力。

第五，敏锐的观察力。敏锐的观察力是演说大师的必备优点之一。达尔文曾表示："我既没有突出的理解力，也没有过人的机智。只是在觉察那些稍纵即逝的事物并对其进行精细观察的能力上，我可能在众人之上。"具有敏锐的观察力，演说者就能从平常生活中汲取大量的演说材料，如某种事物的发展规律等。这样能够使演说内容更丰富，更贴合演说对象的日常生活情景，拉近演说者与对方的距离，获得更好的演说效果。

此外，敏锐的观察力还能使演说者在演说时观察、分析对方的反应，从而及时调整演说方式、内容，如果出现疏漏也可以及时补救，以提高演说的说服力，得到对方的认可。

> 演说是信心的传递，情绪的转移，能量的博弈。

第2章

思维导图:
说服对方的必要前提

演说最讲求逻辑，我们在说服他人时要有一个清晰的思路，不能想起来什么说什么。因此，在开始演说前，我们需要制作一个思维导图，厘清思路。

思维导图有利于帮助我们全方位地描述和思考问题，从而找到问题的关键所在。由于每个人的知识经验、思考习惯、生活经历不同，其所制作的思维导图也不同。因此，思维导图可以充分体现个体思考的多样性。

思维导图是说服对方的前提，它可以让我们的演说更有逻辑，更有说服力。

2.1 绘制思维导图的步骤

一场好的演说，是具有极强的逻辑性的，能够给对方留下深刻印象。想要使演说获得成功，我们需要用到许多策略和技巧，而思维导图就是一种极佳的辅助工具。

在进行演说前，我们需要用思维导图列出核心内容，用主要分支列出主要目标，并用关键词和图形把对应的论点记录下来。例如，我们想向各位投资人演说，让他们追加投资，我们就可以用思维导图把投资人应该追加投资的原因写下来。除了考虑自己的优势，我们还要考虑自己的劣势，用突出优势的方式消除投资人对我们劣势的疑虑。

在思维导图中还要列出其他人的观点，这可以让我们更好地把握全局，使我们的观点更贴近演说对象的认知习惯，从而使演说更加顺利。

绘制思维导图的4个步骤如下。

1. 确定主题

演说者应该明确演说的主题，聚焦一个方面，主题不宜太过分散。

2. 搭框架

一般来说，一场演说主要由 4 部分组成：开场白、具体演说内容、结束语、提问环节。开场白即进行个人介绍并引入演说主题；具体演说内容要和主题高度相关，且演说顺序编排要有一定的科学性、逻辑性；结束语可以是对演说内容的总结及对对方认真聆听的感谢；在提问环节，如果有人提问，演说者认真回答即可，演说者要做好没有人提问的预案，以填补空白时间。

3. 列提纲

在主框架的基础上，演说者可以分出若干分支，完善每个环节的具体内容，做到对每个环节的重点心中有数。

提纲的字数不需要太多，通常只需要将关键词写下来，演说者自己能看懂即可。提纲写好后，有一定经验的演说者看着提纲就已经能够顺利地进行演说了。但对于经验不足的演说者来说，写一份演说稿显然更有保障。

4. 完善优化

绘制好思维导图后，演说者可以进行预演说，以检查思维导图中有什么需要补充或改善的内容，以使思维导图充分发挥指导作用。

2.2 把有用的东西写在纸上

安利是美国最大的直销公司之一,其在给员工制订目标时要求员工把目标写在纸上,因为这个动作有神奇的力量,它能让目标更快地达成。

这是为什么呢?因为,把有用的东西写在纸上更能督促人们完成预定的目标。

心理学家兰迪·加纳与迪莉娅·乔菲曾对一些大学生进行了实验。他们问这些大学生是否愿意做志愿者,为其他学生普及艾滋病知识。兰迪和迪莉娅告诉其中一组学生,如果他们同意,就要先填写志愿者申请表。相反,他们告诉另一组学生,如果他们同意,只需要口头承诺即可。

兰迪和迪莉娅发现,不论用哪一种方式征求意见,都并不影响大学生成为志愿者的意愿。但在几天后的知识普及活动中,以口头承诺表示同意的大学生的出席率仅有17%,而以书面形式表示同意的大学生的出席率为49%。

为什么把承诺写下来的那组大学生出席率更高?这是因为人们一般会根据自己的所作所为评价自己,其中,做比没做更能影响判断。因此,在上述的实验中,前一组大学生更容易认为自己发自内心地做出了当志愿者的决定。

把有用的东西写在纸上对增强说服力有什么作用？

第一，有利于演说者厘清思路，保证演说时思路畅通，克服怯场心理。把有用的东西写在纸上，有助于演说者在心中绘制演说蓝图，做到心中有数，克服焦虑和恐惧心理。

第二，避免在演说时临场斟酌语句，增强语言的表现力和感染力。演说者主要是以语言和肢体动作传递思想的，演说者还可以通过语调、语速的变化，以及动作、表情等将一些"只可意会，不可言传"的信息传达给演说对象。把有用的东西写在纸上，便于演说者提前揣摩语句的意思，避免出现词不达意的现象，在演说时做到出口成章，增强语言的感染力。

第三，有利于帮助演说者限定演说速度，避免发生时间安排不合理的情况。演说通常有时间限制，如果没有把有用的东西写下来，容易出现前松后紧、前紧后松、内容缺漏等问题。有了书面提示，演说者可以合理规划自己的演说进度，张弛有度、从容不迫地完成演说。

此外，在演说结束和客户达成合作时，为了让客户主动遵守承诺，演说者可以要求客户签署一份书面文件，如入伙协议、投资协议等，以降低他们反悔的概率。

2.3 通过 MECE 分析法提取关键词

美国心理学家乔治·米勒曾提出人的短时记忆容量为"7±2"，意思是我们一次性只能记住 7±2 个项目，有的人能记住 9 个，有的人能记住 7 个，而有的人只能记住 5 个。这意味着人类大脑一次性接收的信息量是有限的，如果演说者不把演说的要点进行归类分组，提取关键词，对方可能无法理解演说者想要表达的主旨，被说服更无从谈起了。

MECE（Mutually Exclusive Collectively Exhaustive），中文翻译是"相互独立，完全穷尽"，如图 2-1 所示。

MECE 分析法

Mutually Exclusive
相互独立

Collectively Exhaustive
完全穷尽

不独立　　未穷尽　　MECE

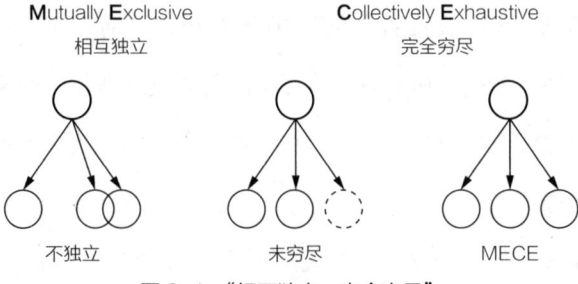

图 2-1 "相互独立，完全穷尽"

MECE 分析法是由麦肯锡咨询公司的一名女咨询顾问在金字塔原理中提炼出的一个重要方法。其中，"相互独立"指的是将问题不重叠、不遗漏地分类，"完全穷尽"指的是分类全面、周密。将其运用到演说过程中，就是指对问题进行分类、分层思考，从而找出问题的核心，做到在演说过程中没有废话。

例如，把"人"用 MECE 分析法来分类。人可以按性别分成男性和女性；按年龄分成不满 10 岁、10~17 岁、18~29 岁等，这样不重复的分类就是 MECE 分类。

如果把"人"分为男性、女性、孩子，而孩子又分男孩、女孩，与前面的分类重复，那么这就不是 MECE 分类。如果把"人"分成老人、孩子，但除了老人、孩子，还有青年人、中年人，导致出现了遗漏，那么这也不是 MECE 分类。

显然，MECE 分析法是一种较为有条理的思考问题的方法。这种分析法能帮助演说者在绘制思维导图时提取关键词，让思维导图更加清晰。

正所谓"不打无准备之仗"，在进行演说之前，演说者要进行精心的准备，包括分析对方可能提出的问题及思考相应的策略，还包括对自己优势的分析。没有优势条件作为前提，演说者很难让对方心服口服。

运用 MECE 分析法分析问题可分为三步进行。第一，明确你需要解决的问题（你可以试着将这一问题分解为若干个子问题）；第二，将影响该问题（或子问题）的因素一一罗列出来；第三，检查所罗列的因素是否正确、完整。

以融资的商业路演场景为例,按照 MECE 分析法梳理路演的关键词。

第一,明确问题,即说服投资人投资项目;第二,罗列影响因素,即项目前景、资金、技术、团队、利润、未来规划等;第三,检查罗列的影响因素。

这样一来,原本复杂的问题就变得简单多了。当演说者的脑海中有了思维导图时,就不需要再记忆复杂的长句子了。这时,在别人看来复杂的问题,在演说者眼里就变成几个关键词,演说者很容易就能形成清晰的思路,更快地说出问题的关键。

2.4 分析理由,梳理大分支

在确定了主要问题后,我们就要从大方面去想说服对方的理由,以丰富思维导图的内容。例如,在绘制招商演说思维导图时,演说者可以立足于加盟商的需求,分析能够说服对方的理由,梳理出思维导图的大分支。

1. 明确项目的发展程度

演说者可以从项目目前的发展程度入手,明确企业发展情况、项目获利情况和未来发展情况等内容。

2. 未来的收益如何

收益是促使加盟商做出加盟决定的终极利器。演说者在绘制演说思维导图时应从项目的预期收益入手,明确项目未来所能产生的收益。演说者可以估算一个数字,用数字增强说服力,吸引加盟商合作。

3. 明确退出机制

在加盟过程中,加盟商可能会因经营不善或其他原因而想要退出。演说者在绘制招商演说思维导图时,应将退出机制作为其中一个重要的大分支,以打消对方的顾虑,让对方明白加盟风险是可控的。

退出机制是一种规避风险的方式,在适当的时候退出可以使加盟商的损失尽量降低。但是演说者在演说时也应告知加盟商,退出机制并不能使风险完全消失,并且只有在合理的条件下才可启用退出机制。

梳理出思维导图的大分支,有利于我们初步厘清演说内容的框架,不至于在演说过程中偏离目标、增加不必要的内容或漏掉重要的内容。

2.5 细化思考，获取小分支

明确了大分支，下一步我们就要细化内容，梳理出小分支。下面以招商演说中的加盟退出机制这一大分支为例，具体阐述如何进行细化思考，绘制思维导图的小分支。

以下是某餐饮品牌的加盟商解约退出的基本原则。

（1）加盟商因各种原因自愿退出加盟，需要填写加盟退出申请书，经所属区域经理签署同意后，递交总部进行下一步审核。

（2）在经营过程中，加盟商因自身原因未能达到相应指标或存在其他违规行为，责令整改无效后，构成撤销资格，由所属区域经理提供证据并提交区域营销总监，营销部经核实后根据情况出示加盟终止通知书并签发（盖公章）。

（3）根据公司规定，因自身原因申请或责令退出的加盟商无权向公司索要转让金或赔偿金。

（4）区域经理根据加盟退出申请书或加盟终止通知书协调处理好加盟商退出事宜。

（5）区域经理监督退出的全部流程，加盟商应签署品牌保证金退还确认书。

（6）公司营销部对相关资料进行存档。

进行细化思考，梳理出思维导图的小分支，有助于增强演说的说服力，更容易获得对方的认可。

2.6 分清主次，按顺序阐述

通过先梳理大分支再梳理小分支的方式，我们可以找出很多说服对方的理由，一幅完整的思维导图也很容易绘制出来。但因为演说时间有限，一味地向对方灌输自己有多好可能会引发对方的超限效应，我们不可能把设想的理由都说出来，这时就需要将这些理由按说服力度排序，先说最有力的理由，再依次阐述。

有人会问，既然这样，为什么不从一开始就只考虑那些最有说服力的理由呢？要知道，我们准备得越充分，成功说服对方的可能性就越大。为了应对演说过程中的突发状况，我们要准备不止一个备选方案。

例如，在进行现场销讲时，演说者要聚焦消费者需求。下面以美妆产品为例进行具体阐述。

在进行现场演说时，演说者可以重点阐述以下几个方面。

1. 品牌故事

演说者可以通过分享品牌创立或发展过程中一些经典的、有意义的事件，向对方传达品牌理念，增强对方对品牌的认知。

2. 产品成分

近年来，人们对产品成分的关注度越来越高，越来越关心产品的成分及是否对身体有害等。同时，人们也愿意为含有某种成分的产品买单，如含有氨基酸的洗面奶、含有 A 醇的抗衰老面霜等。因此，在演说过程中，演说者需要详细介绍产品的成分，并表明产品是合规的、安全的，在必要时可以出具产品检测报告，增强说服力。

3. 产品功效

人们购买美妆产品往往是为了满足自己变美的需求，而产品的功效是人们关注的重点。在演说时，演说者要如实地讲解产品的功效，不可夸大，更不能进行虚假宣传。演说者可以通过一些实际案例，如某人使用产品前后的对比，来增强说服力。

4. 产品展示

在演说过程中，演说者可以向对方展示产品的视频、图片或实物，并进一步讲解产品外观设计、使用技巧、设计理念等。

5. 同类产品对比

演说者可选择其他同类型产品，将其与自身产品对比，从而凸显自身产品的优势。需要注意的是，在进行对比时，要统一维度，如从保湿、美白、产品成分等方面进行对比。维度不统一的对比会十分牵强，反而会使听众产生怀疑。

对于以上5个方面，演说者在演说时可按照品牌故事—产品成分—产品功效—产品展示—同类产品对比的顺序进行。但若时间有限，演说者可省略品牌故事与同类产品对比，只着重讲解产品成分、产品功效、产品展示3个方面。

2.7 案例：如何说服合伙人

下面以招募合伙人为例，向大家阐述如何在演说中运用思维导图让自己更有说服力。

第一步，画出中心图，明确中心问题，也就是"你为什么要跟我合伙"。

第二步，由中心问题出发，向外延伸，列出影响中心问题的因素，如项目、目标、利益、制度、模式、愿景。

第三步，具体分析每个因素，并找到解决办法。

（1）项目：项目必须拥有完整的商业模式和盈利模式，且看起来极具吸引力，不然一些谨慎的合伙人有可能会质疑项目的价值。所以，我们要对项目进行系统包装。

（2）目标：并非任何一个人都能帮助公司发展，所以我们要先确定一个寻找方向，结合自己的资源，按由近到远、由熟悉到陌生、由强联系到弱联系的逻辑去寻找合伙人。在演说过程中，我们要把这种相关性告诉合伙人。

（3）利益：我们要确定利益清单，盘点公司有哪些资源、哪些成果、哪些优势，能给对方带来什么好处等。由此出发，跟合伙人谈判。要以"只要利益给得够，就没有找不到的合伙人，关键是出价和利益"为谈判原则，给合伙人一个无法拒绝的理由。

（4）制度：制度与利益息息相关。好的制度能将自己的事变成与合伙人共同的事，将矛盾的多方利益有效相融。因此，优秀的制度是说服合伙人的利器。比如最常见的分钱制度，如果公司能让各方都获得满意的利益，自然会有很多人愿意合作。

（5）模式：单纯靠卖产品的盈利模式局限性太大，利益分配空间小，很难得到合伙人的青睐。因此，我们要把自己独特的商业模式展示给合伙人，让合伙人因为项目有足够的利润空间主动被吸引。

（6）愿景：越有价值的人，对未来越有规划。不同的合伙人能够走到一起，是因为他们有共同的大梦想、大使命，这是合伙的前提。因此，除了利益，我们还要向合伙人展示自己与其契合的价值观及梦想，让对方从情感上认同我们的项目。

第四步，找到优先顺序，把最能吸引合伙人的因素先告诉他们，引起他们的注意，再用一些相关性低的因素增加他们的信心。

例如，合伙创业最重要的就是赚钱，所以我们先要把项目的盈利模式、分钱制度及能获利多少告诉对方，当对方有些心动时，再告诉对方项目的愿景及我们与其十分合拍，让对方从情感上希望与我们合作。

> 说服就像一场马拉松比赛，需要有耐心、有恒心。在所有说服技巧中，坚持不懈是不变的真理。

第3章

拟定计划:
凡事预则立,不预则废

演说就像一个闯关游戏，需要我们一步一步地攻克难关。因此，我们要为这个闯关游戏制订一份攻略，即演说计划。在演说之前，我们先要明确演说的目的、内容、时间、地点，并塑造一个讨喜的人设，全方位保证演说取得良好的效果。

3.1 理解"我为什么要进行演说"

通过演说来说服别人并非一件容易的事,那我们为什么要花那么大力气进行演说呢?演说有什么价值和意义呢?我们想通过演说得到什么呢?这就是我们在准备演说之前需要做的第一项工作,即理解"我为什么要进行演说"。

理解演说的目的很重要,这与我们的演说是否有意义息息相关。如果我们在演说之前没有想明白为什么要进行演说,那么很可能在演说的过程中思路偏离,从而无法取得很好的演说效果。相反,如果我们的目的明确,思路清晰,演说成功率就会提高。

演说的第一个目的是改变对方的想法,影响对方的行为。现在有很多心理医生治愈患者就是以此为谈话目的。患有心理疾病的人,他们的思想大多是非常消极的。心理医生经过思想上的疏导,最终让患者改变自己之前的消极思想,从而改变个人行为,达到治愈心理疾病的目的。

所谓演说,就是我们的思想和对方的思想进行竞争的过程,而让对方信服你的思想、影响对方的行为就是演说的目的。例如,一个做"学习的重要性"演说的人,其演说的主要目的是让学生明白学习的重要性,纠正学生不良的行为习惯,用自己正面的思想去改变学生负面的思想，最终影响学生的行为。

这就是演说的目的之一，即认知升级，从影响对方的思想开始，最终改变对方的行为，经常用于劝说、告诫、提醒等场景。

演说的第二个目的是与他人达成合作。一家企业要想发展壮大，离不开各种资源，但是获取资源需要高昂的成本，各类资源往往难以聚集在同一家企业中。因此企业需要寻求与他人的合作，以获取自己所需的资源。企业可以通过演说，向意向合作方明确和自己合作的好处、所能获得的利益，从而获得合作方的认可，促成合作成功。

演说的第三个目的是拉近人与人之间的距离。我们在进行演说之前要先与对方的思想同步，这样可以让对方感觉我们和他是站在一起的，他才会主动听我们说话，演说效果才会更好。

例如，你想通过演说说服投资人投资你的项目，你肯定不能一开始就找投资人要钱，而是要先让投资人信任你，给投资人展示你的背景、经验和成绩，等他足够相信你时，你再询问他投资的意愿。

这就是演说的目的之一，即拉近距离，缓和关系，经常用于投资谈判、拉赞助、销售产品等功利性较强的场景。

3.2 多角度分析，提升演说的成功率

演说就像一个闯关游戏，结果可能成功也可能失败。为了提升演说的成功率，我们要在事前从多角度分析影响演说成功率的各个因素，以保证演说的结果无限接近成功。

首先，我们要分析自身影响演说成功率的因素，例如，是否具有专家资格、可靠性高低及受欢迎程度等。专家资格可以让我们提出的专业观点更有说服力；可靠性高低影响演说效果，如果对方认为我们是足够可靠的人，他就更有可能接受我们的观点，反之，如果我们在对方心中不够可靠，我们可能什么都没说，对方就对我们持怀疑态度；受欢迎程度也会影响演说效果，人们大多会为自己喜欢的人改变态度。

其次，我们要分析演说内容对演说成功率的影响。一般来说，我们说出的信息与对方的认知差距越大，演说成功的难度就越高。因为认知差距越大意味着对方需要做出的改变就越多，这会给对方带来更大的压力，让其在一时之间难以接受。

信息呈现的方式和顺序也会影响演说的效果。当信息非常繁杂时，人们一般会相信权威媒体发布的信息；而当信息比较简单时，人们更愿意接受通过视觉传播的信息，其次是通过听觉传播的信

息，书面形式传播的信息接受效果最差。另外，先呈现的信息可能会成为对方判断后续信息的依据，从而影响演说效果。这就是在演说时我们要先说重要信息的原因。

最后，演说对象的特点可能也会影响演说效果。例如，如果对方自尊心很强或位高权重，那么他可能很难接受别人试图改变他的认知的行为。如果对方心情不好，那么他可能会情绪化地反驳一切观点，包括正确的观点。

演说是否能成功虽没办法预测，但我们可以尽力提高演说的成功率。我们要学会从不同的角度分析演说的优势、效果及意外情况，并想好应对策略，以保证自己能在最大限度内影响对方。

3.3 明确 4 个问题，让演说计划更清晰

演说之前要做很多准备，那么我们如何在短时间内制订一份演说计划呢？事实上，我们只需要解决 4 个问题，就能完成一份清晰明确的演说计划了。

第一，关注对方的想法。我们要想说服别人，必须与对方的关注点保持一致，与对方保持在同一频率上。拥有共同的语言和关注点，是说服的基础。如果对方听不懂你的语言，那么就很难信服你。

第二，注意底线，不要提出对方绝对不能接受的要求。不管是

向对方演说让其接受你的观点，还是说服别人与你合作，其中都存在一种利益关系。如果你的想法和观点严重侵犯了对方的利益，对方肯定无法接受。因此，在演说之前，必须了解对方的底线，掌握了底线后，我们就能找到演说的方向和重点了。

第三，站在对方的角度考虑问题。要想让对方真正从心底里接受你的观点，你就要让对方感觉你是在为他考虑的，他不接受你的观点，是他的损失。如果演说能达到这样的效果，变现就会变得顺理成章、水到渠成，否则对方即使接受了你的观点，也会心存疑虑。

第四，注意试探，了解对方的接受程度。在演说的过程中，适当试探是很重要的。因为这能让我们了解到对方现在的接受程度，即了解说服对方的进度。如果对方已经快要被说服了，接下来就是临门一脚的问题，我们就不需要再长篇大论，只需要抛出一个与对方利益相关的理由即可。

3.4 塑造讨喜人设，以第一印象定成败

阿里巴巴在刚成立的那几年，创始人一直想方设法拉投资，但几乎无人理睬。直到孙正义慧眼识珠，才解决了阿里巴巴初期资金困难的问题。孙正义只用了6分钟就做出了投资决定。多年后有人问起，孙正义说当初只是感觉阿里巴巴的创始人靠谱，所以认为阿

里巴巴做的事也靠谱。

《流浪地球》这部电影在拍摄初期，因导演郭帆名不见经传、科幻片市场前景不明、资金严重不足等问题处处受限。后来，郭帆"骗了"吴京6000万元，最终才成功让这部电影和观众见面。《流浪地球》上映后大火，成为中国科幻片的代表作之一，也证明了吴京的眼光。

吴京曾在电影发布会上表示，他决定投资《流浪地球》，是因为看中了导演郭帆对拍电影的执着，这种执着让人感觉踏实、靠谱，所以他觉得这部电影一定能成功。

想必大家都听说过"首因效应"，它指的是在人与人的交往过程中，第一印象会影响人们的关键决策和行为。因此，在演说的过程中，对方对我们的第一印象尤为重要，因为它会决定对方对我们的主要看法。每个人都必须知道，没有人会给演说者第二次机会建立第一印象，因此，我们在演说一开始就要塑造一个讨喜人设，给对方留下正面的第一印象。

所谓内外兼修，一个完美的人设必然要从形象、言谈举止、内在修养等全方位去打造，那演说者要如何建立人设呢？

首先，明确自己的定位很重要。在演说之前，我们要先确定自己要在别人眼中成为一个什么样的人或塑造一个怎样的形象。如果想给他人讲大道理，那么就需要塑造一个稳重、可靠的形象；如果想获得投资，那么就需要塑造一个专业的精英形象；如果想卖出产品，那么就需要塑造一个真诚、推己及人的形象。

仅靠语言并不能打造出好人设，我们要学会利用小细节让对方在潜移默化中接受我们的人设。例如，在进行融资路演时，演说者要注意穿着正装，头发打理整齐，行为举止礼貌有风度等，以暗示投资人自己受过良好教育、是有能力的高端人才。

我们只有了解自己的人设，才能更好地塑造人设，给别人留下深刻印象。

其次，人设的建立与周围的环境也有关系。因此，在演说之前，我们要充分了解演说的场景和环境，以获得主场优势。例如，在进行融资路演之前，我们要先明确在自己的公司里进行演说还是在第三方场地中进行演说，现场的环境如何，以及是否会出现可能导致自己出糗的意外因素。

最后，做好印象管理，这是成功建立人设的至关重要的一步。印象管理指的是我们最终要给对方留下一个什么印象。

我们可以用行为与外表相互印证的方式进行印象管理。如果我们想让别人觉得我们是行业专家、商务精英，那么就尽量做些符合人设的事，如言辞礼貌、熟悉专业知识等。这样从我们的外表传递出来的信息，对方可以通过我们的行为得到验证。

值得注意的是，我们最好以自己的优势打造人设，如背景深厚、经验丰富、学识渊博等。如果人设与自身的真实情况相差太大，一旦被对方拆穿，就会给对方留下虚假、不真诚的印象，反而会阻碍演说的成功。

3.5 如何避免演说时大脑一片空白

生活中有些人总是轻易就能出口成章，即使是即兴的话题也能妙语连珠，但当我们自己说话时总有这样的困扰：大脑一片空白，心里明白这个道理却不知道如何表达。

归根结底，其实是因为我们缺乏知识储备。一个人如果总是局限在自己的小圈子里，又怎么能引经据典，用大量的信息去说服别人呢？因此，我们在演说之前，要先丰富知识储备，积累谈资。

很多人都赞叹汪涵的机智圆场，羡慕他有能说会道的本领，羡慕他超强的主持水平。但他们不知道的是，汪涵自小就饱读经典，既读《山海经》《离骚》等中国传统经典，又品《西方哲学史》《瓦尔登湖》等哲学书籍。此外，古琴、茶道、古玩他也颇为喜爱。在远离荧屏时，他也时刻不忘丰富自己的知识储备。

所以，要想拥有足够的说服力，我们就要储备丰富的知识。这不仅能让我们在演说时避免词穷的状况，还能帮助我们应对演说过程中的突发状况。

也许有人会说，知识太多了，时间又太少，应该学什么呢？这个问题确实存在，但是迅速发展的社会愿意等待你缓慢的步伐吗？

答案是否定的。我们可以从自己的优势开始储备，先活用我们已经掌握的知识，再拓展那些我们熟悉的知识。

如果我们了解股票，就可以以"如何炒股"为话题切入点。即使对方在炒股方面是小白，但只要我们引出了赚钱的话题，大家都会竖起耳朵听。如果我们在此基础上还懂一些经济学、社会学、心理学及投资理财方面的知识，我们就绝对不会缺少谈资，而且对方还会对我们另眼相看。

现在，社会的发展速度是空前的，大部分人都要保持学习和积累的状态，这不仅为了事业和前途，也为了维护人际关系。放弃学习和积累的人，会逐渐失去与他人平等交流的资本。虽然从某种角度来说，我们每天都在被动学习，但这不是我们放弃主动学习的理由。因为世界是日新月异的，人们的关注点也是日新月异的，如果我们不能及时更新知识储备，那么就会慢慢失去说服力和影响力。

古人口中的才子大多既学富五车又才辩无双。而且与作品相比，"辩"更能体现一个人学富五车。诸葛亮在舌战群儒时，其实没有太多类似的经验，但他能战胜那些比自己经验丰富的大儒，除了头脑灵活，更重要的是学识丰富。

我们身边可能有这样一类人：平时滔滔不绝、表情丰富、语言生动、能说会道，但在重要场合，却没什么说服力。这是因为他们过于在意表面的沟通技巧和方法，忽视了传递信息的内容本身。一个博学的人，即使不懂技巧和方法，也能拿出很多例证来证明自己的观点，这就是知识储备丰富的优势。

如果想成为真正的演说大师，我们就必须不断提升自己的能力。在提升能力时，掌握方法和技巧是一方面，知识与思想才是更重要的东西。即使对方的知识与思想远高于大众水平，只要他觉得通过聆听我们的演说可以有很大收获，而且他感兴趣的东西我们也有所了解，那么他对我们的好感度就会上升，从而愿意被说服。

语言的准确性、逻辑性、优美性、感染性等都与知识的积累有直接联系。一个普通人想蜕变为演说大师，应该从根本做起，不断地提升自我、扩充知识、丰富内涵、提高修养。当然，在此基础上，还需要掌握一定的方法和技巧，这样能让演说更有说服力。

3.6 保持良好的耐性，成功可能就在下一秒

说服他人就像一场马拉松比赛，需要有耐心、有恒心。在所有说服技巧中，坚持不懈是永远不变的真理。

即使你有舌战群儒的口才、天衣无缝的观点，但也有一时说服不了对方的情况。这时你很可能会心急难耐，认为对方不明事理、不识抬举，当下决定和对方老死不相往来。这是非常错误的行为，因为你可能错过了说服对方的最后一个机会。事实上，当你尝试说

服别人时，对方立刻点头叫好的情况是非常少见的，"三顾茅庐"才是经常会出现的情况。

"冰冻三尺，非一日之寒"，每个人的观念、思维、认知，都是日积月累形成的。因此，说服对方改变自己的观点，接受你的观点，也不可能一蹴而就。退一步讲，即使你当时成功说服了对方，之后如果没有进一步地加强和巩固，对方也可能反悔。

所以，说服别人最重要的准备就是保持耐心。

当你不能说服对方甚至被对方抱怨时，不要怄气，也不要消极对待。你要有坚持长期说服对方的准备，今天动摇一点，明天动摇一点，对方可能在下一秒就被你说服了。

你还要学会扩大自己的视野，有时，你没说服别人是因为他身后还有其他人或因素在怂恿他、动摇他。这时，你面对的可能不只是一个人。鉴于此，你应从各方面增强自己的力量，如找一些与你观点一致的人帮助你说服对方或增加例证，让自己的观点更有说服力。

3.7 案例：如何找到长期合作的赞助商

李嘉诚曾说过："商业合作必须有三大前提，一是双方必须有可以获得的利益，二是双方必须有可以合作的意愿，三是双方必须有共享共荣的打算。三者缺一不可。"拉赞助作为公司的商业合作方式之一，经常会涉及谈判、演说等问题。我们要如何进行演说才能说服对方赞助我们的活动和创意呢？答案就是真诚地让对方获利，以利益换利益。

小易的公司是一家新媒体公司，其想要举办一个线下音乐节活动，需要40万元的活动经费。小易的公司在演说中表明，赞助商可以在音乐节现场打广告，如扫码发朋友圈送礼品、活动现场口播、线上宣传等。一家刚上市的化妆品公司急需在当地打开知名度，因此被成功说服，决定赞助小易公司的音乐节活动。音乐节过后，该化妆品公司广为人知。

虽然说服一个人有多种方式，让对方怜悯你、敬畏你都可以达到说服的目的，但都不如让对方获利来得直接、迅速。在商务谈判场景中，当双方面对面坐下时，利益的博弈就已经开始了。谈判能否成功，主要看利益分配是否合理。在上述案例中，小易公司能够提供的利益与化妆品公司急需打开市场的需求高度契合，因此成功获得了赞助。如果我们希望获得其他公司的赞助，一定要懂得先为对方让利。

找一个赞助商不难，那么如何找到长期合作的赞助商呢？当我们通过演说来说服其他公司赞助自己时，从双方的角度看，我们处于较为被动的位置，决定权掌握在对方手中。这时，一味让利就不是长久之计了，因为这会让我们在合作中一直处于下风，无法掌握主动权。小易的公司在刚成立时办过很多活动，但苦于没有门路，每次活动只能求助朋友牵线搭桥，一年下来，小易不知欠了多少顿饭，才找到了两家愿意赞助的公司。

在后续的合作中，小易除了在合同中答应要兑现的宣传工作，还会用自己公司的新媒体账号义务帮这些公司转发宣传其产品和活动。一来二去，小易就和这两家公司建立了稳固的合作关系，而且相互平等。这两家公司只要一有活动经费，就会问小易最近要开展什么活动。

既给对方让利，又不掺杂私人感情，让双方处于对等的位置，这样合作关系才能一直持续下去。如果你没有广博的学识、高超的演说技巧，不妨只掌握一条，即真诚地让对方获利，这样更容易演说成功。

> 将演说的最终目标分成若干个小目标，听众每完成一个你的小目标，其被说服的概率就会增加。

第4章

言之有理：
让对方心服口服的奥秘

没有道理，何以服人。演说成功的一个重要前提就是言之有理。试想，如果我们说的话不着边际，没什么技术含量，没有条理，那么对方只会觉得不明就里，又怎么能被我们说服呢？

想让对方心服口服，我们演说的内容就必须有价值、有干货、有条理。这样对方按照我们抛出的观点去思考才会觉得有道理，才能被我们说服。

4.1 用黄金圈法则增强说服力

黄金圈法则最早是由演说家西蒙·斯涅克提出的。黄金圈是3个套在一起的圈,内圈是Why(为什么),中圈是How(怎么做),外圈是What(做什么),如图4-1所示。黄金圈法则明确了演说者的演说顺序:从内圈到中圈再到外圈,即从Why到How再到What,这样可以充分激发听众的热情,调动其积极性。

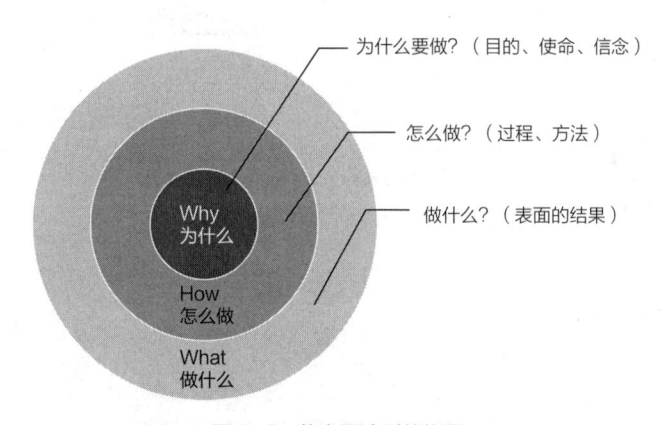

图4-1 黄金圈法则结构图

内圈的Why,指的是演说者要先表明产品、项目的目的、使命、信念,即为什么要做;中圈的How,指的是演说者应表明产品、项目落地的过程、方法,即具体应该怎么做;外圈的What,

指的是结果，演说者需要表明这是一件什么事情、有什么特点、做了什么。

例如，演说者想通过黄金圈法则让听众了解自己的企业，需要从3个方面着手。首先，从内圈的Why说起，演说者需要说明为什么创立企业，企业的核心使命是什么；其次，介绍中圈的How，即如何实现企业的核心使命，研发了什么产品；最后，阐述外圈的What，即自己的企业究竟是一家什么样的企业，对行业、社会产生了什么价值等。

在以介绍企业、产品、项目为主题的演说中，黄金圈法则是很适用的。以介绍产品为例，演说者可以先阐述为什么要研发并生产这款产品（Why），再表明产品怎样帮助他人或者在哪些方面改变了他人的生活（How），最后阐述这款产品的作用和价值（What）。

想要使演说的质量更高，演说者可以在运用黄金圈法则时，在这3个方面各加入一个故事。下面以Facebook的创始人扎克伯格在清华大学做的一次演说为例。在演说的一开始，扎克伯格就说："今天我想讨论改变世界的话题。今天我想告诉你3个故事，就3个故事。"扎克伯格接下来讲述的3个故事完全符合黄金圈法则。

在第一个故事中，他讲述了成立Facebook的初衷，也就是黄金圈法则中的Why。任何项目或产品在启动时都是有初衷的，初衷无所谓大小，但初衷是项目或产品得以持续迭代的原动力。

在第二个故事中，他讲述了他是如何经营Facebook及如何使

Facebook 成为行业中的领头羊的，也就是黄金圈法则中的 How。How 体现着产品或项目差异化的定位、独特的优势等，是践行初心的过程。

在第三个故事中，他讲述了 Facebook 取得的成果、给他带来的收获，也就是黄金圈法则中的 What。

借助黄金圈法则，扎克伯格的演说非常有条理，逻辑性很强。黄金圈法则看似很简单，但大多数人语言表达的顺序往往根据直觉展开，即是什么（What）、怎么办（How）、为什么（Why），这刚好和黄金圈法则相反。例如，某位销售人员在进行销讲时，在一开始就一味地讲 What，即产品是什么样的、优势是什么；然后讲 How，即怎么打造产品的优势的；最后才讲 Why，即为什么要打造产品的优势，研发这款产品的初衷是什么。

这样的演说和使用了黄金圈法则的演说相比，在沟通、表达、说服力方面都有所欠缺，会让听众感觉有些混乱，感染力不够。可见，核心的理念、初衷是具体措施落地和最后获得成果的基础。

在正式的演说中，演说者如果想让听众了解企业、产品、项目，就可以使用黄金圈法则。其可以充分且立体地展示出企业、产品、项目的方方面面，从而进一步优化演说效果。

4.2 少说错误的话，一言胜千金

在演说的过程中，会说话的人往往能事半功倍。这些人通常能一语中的，讲出正确的话，提升自身的说服力。那么我们在演说时如何才能说对话，直击要点呢？

有些人天生话多，在什么场合都能侃侃而谈，但有时听他们说了许久之后，你却不能从中提取出重要信息。这是因为他们说的都是浅显易懂的内容，并不能改变他人的认知。可见，如果你想塑造一个高大上、有内涵的形象，浅显易懂的内容就属于"不正确"的话。重复说些大家都知道的道理，不仅会让对方不耐烦，还会降低你自己的水平。

说别人不说的话，是一种勇于承担责任的表现，但别人真的愿意听到这些吗？你如果自以为聪明地把一些大家心知肚明但没有宣之于口的话说出来，对方不仅不会认同你，还会在背后笑你傻。这是因为有些事是大家默许或约定俗成的，如果你贸然将它说出来，反而会让大家尴尬。

为了达到自己的目的，我们在演说的过程中可能会加入一些对对方的赞美。这样的做法没有错，但如果赞美过度变成溜须拍马就错了。溜须拍马会影响我们的形象，显得我们低人一等。另外，如果我们对着一个不喜欢被拍马屁的人拍马屁，反而会招致反感，降低自己的说服力。

生活中很多人喜欢用玩笑缓和气氛，但有些人开玩笑反而会惹人生气，甚至会让对方对他大打出手。原因无他，就是玩笑开得过分了。因此，开玩笑要注意尺度、场合及对象，如果在严肃的场合或对严肃的对象开玩笑，就显然是错误的行为。

有时为了证明自己的实力，做一些正面的自我宣传是必要的，但吹牛的话最好不要说，因为这会降低你的公信力。说话是一门艺术，真正的演说大师是不会说出不合时宜的话的。在说服他人的过程中，我们要注意观察说话的场合、对象、气氛等，调整演说的方式，争取在对方心中塑造一个可靠的形象。

4.3　说"因为"不一定要有因果关系

有人做过这样一个实验。一群人排队使用打印机，这时一个人说："不好意思，我要打印2页纸，可以先用打印机吗？"结果仅有40%的人同意他先使用。于是这个人换了一种说法："不好意思，我要打印2页纸，因为时间来不及了，可以先用打印机吗？"结果这次有94%的人同意了。

这是为什么呢？因为这个人在第二次的表述中加入了"因为"

这个词。乍一看，上述实验中的两种请求方式最大的不同就是，第二次插队请求中包含了额外信息——"因为时间来不及了"。于是实验人员又试了第 3 种请求方式，结果证明即使去掉额外信息，只保留"不好意思，因为我要打印 2 页纸，可以先用打印机吗？"，依旧会有 93% 的人同意对方插队。

这种请求方式仅增加了"因为"这个词，没有包含一个真正合理的理由，没有增加新的信息，只是在陈述一个事实，但它依然让许多人被说服了。这是因为，在日常生活中，"因为"这个词总能引出各种不错的理由。从孩童时代开始，父母的回答中总包含着"因为"这个词。因为对父母的话深信不疑，所以我们长大后也会下意识地接受"因为"后面的理由。

由此可见，"因为"这个词拥有强大的说服力。我们在演说时，可以多挖掘"因为"这个词的价值，即使没有因果关系，也可以在理由前加上"因为"这个词，说不定能收获意想不到的效果。

4.4 用道具增强你的说服力

著名教育家陶行知在武汉大学演说时，曾做过一个惊人的举动。陶行知走上讲台，先微笑示意，然后出人意料地从包里抓出一只鸡。接着他从口袋里又抓出一把米放到桌子上，把鸡头硬按下去，逼它吃米。鸡一边乱叫，一边拧着头不肯吃。他又掰开鸡嘴，把米塞进去，鸡仍然不肯吃。这时，陶行知松开了手，把鸡放在桌子上，自己在一边观察，只见这只鸡自己开始吃起米来。

这时，陶行知说："各位，你们都看到了吧。逼着鸡吃米，或者把米硬塞到它的嘴里，它都不肯吃。但是，如果你换一种方式，让它自由自在，它就会主动地去吃米。我认为，教育就跟喂鸡一样。先生强迫学生去学习，把知识硬灌给他们，他们是不情愿的，即使学了也是食而不化，过不了多久，他们还会把知识还给先生。但是，如果让学生主动去学习，充分发挥他的主观能动性，那么效果一定会好得多！"

此话一出，台下掌声雷动。陶行知用这样一个小道具，生动形象地向听众传达了自己的教育理念。

我们在演说时也可以用道具说理，因为视觉比听觉对人的冲击要更强。例如，在融资路演或销讲会上，有形的产品会比无形的产品更容易受到关注。

使用道具说服别人有很多优势，其最主要的优势是清晰。我们生活在视觉时代，短视频、直播的火爆足以说明人们更容易接受视觉信息，而在演说中使用道具可以让对方更直观、更形象地理解我们想表达什么。

演说者可以在正式开始演说前先展示道具，这有利于让听众产生一种直观的印象，让抽象的道理更容易被理解。演说者展示的道具可以是产品、照片等,只要道具能够帮助演说者阐述演说的中心思想、引出话题即可。

听众的目光如果都聚集在演说者身上,演说者可能会非常紧张。演说者可以适当地使用道具,如PPT、商业计划书等,转移听众的注意力,以缓解自己的紧张情绪,增强自己的说服力。但是要注意,即使有了道具辅助,我们也要在演说前做足准备。只有经过周密的准备,道具才能更好地辅助演说,体现我们的专业性和说服力。

4.5 "利"放在前,"理"放在后

小林很擅长揣摩客户拒绝时的心理活动。有一次,他代表公司与一位大客户谈判,这位大客户的要求十分苛刻,并且已经拒绝过多家公司。小林仔细分析了双方的情况,想出一个策略,然后登门拜访这位客户。

双方刚坐下,小林就把事先写好的10张卡片拿给客户,让对方从中随意抽出一张。客户拿出一张卡片,发现上面写的正是自己对小林公司持有的疑虑。当客户把10张卡片逐个读完后,小林让客户把卡片翻过来再读一遍。客户发现每张卡片的背面都标明了小林对该疑虑的回复及客户能获得的好处。

客户认真看完了卡片，对小林露出了微笑，很快便同意了小林的合作请求。

案例中的小林之所以能成功说服客户，是因为他将客户可能提出的问题和解决办法都罗列了出来，而且十分坦诚地标注了客户能获得的利益，将"利"放在前，"理"放在后。面对如此准备充分的合作对象，客户很难不为所动。

在演说的过程中，我们可能会遇到一些苛刻、不好说话的人，他们会提出各种刁钻的问题。这些人不会轻易改变自己的想法，能够成功被说服的可能性很低。这时应对他们最有效的方法就是通过先"利"后"理"的方法改变对方的想法，即先用利益吸引对方，创造需求，再逆转他们的想法，达到出奇制胜的效果。

人们很容易受到求利心理的驱使，所以，如果想说服特别强硬的人，我们就必须保证自己的想法能给对方带来足够大的利益，使之认为即使为此付出代价也是值得的。

面对固执苛刻的人，我们很难用摆事实讲道理的方式说服他们。这时我们不妨亮出底牌，开诚布公地直言自己的目的，从而消除对方心中的疑虑。

例如，在进行融资路演时，投资人对我们的不信任感是与生俱来的，其主要表现为即使投资人认同产品或项目，也要挑一两个错出来。这时，我们就可以利用先"利"后"理"的方法，直接表明对方能获得的利益，并亮出自己的底牌，给对方足够的安全感，让对方找不到拒绝的理由。

4.6 尊重的态度是互信的基础

被尊重是每个人都会有的需求，如果在演说时，对方觉得自己得不到应有的尊重，很可能会直接导致演说失败。尤其对于那些有强烈自尊心的人来说，一旦自尊心受到伤害，感到没面子，很可能会启动心理防御机制，甚至表现出充满敌意的行为。

尊重体现在人格、身份、地位、学识与能力等多个方面。其中，人格尊重是指措辞礼貌且有分寸，不使用侮辱性的语言，不对对方进行人身攻击；身份、地位尊重是指用正确的礼仪对待对方、保证双方平等，不对对方颐指气使、不自吹自擂、不看低对方；最高层次的学识与能力尊重是指在赢得主动权时不喜形于色、不暗自嘲讽对方的无能，诚心看重对方的实力。

事实证明，在演说过程中，尊重对方是建立双方信任关系的基础。如果把对方看成一个独立、平等的个体，并给予其足够的尊重，那么即使涉及利益冲突，对方也有可能给我们提供帮助。相关数据显示，对方受到的尊重程度，与其为我们提供帮助的可能性息息相关，如图4-2所示。

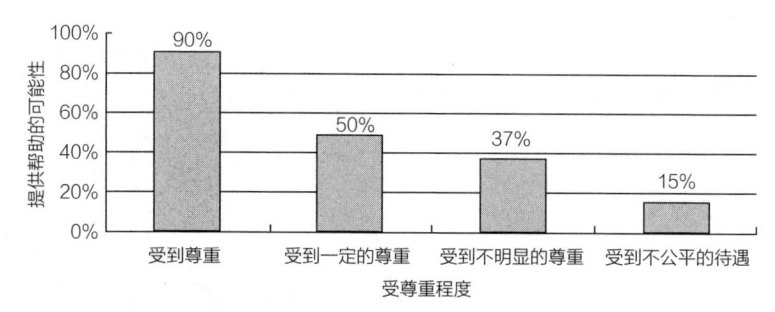

图 4-2 受尊重程度与提供帮助的可能性

演说者在演说时不要只看一名听众,否则其他听众可能会因为感觉自己没有受到尊重,而转移注意力。演说者可以用眼神和不同的听众互动,做到对所有听众一视同仁,这样演说现场的氛围才不会太差。

此外,演说者良好的个人素质能够提升演说的说服力,体现出对听众的尊重,能使对方对演说者更有好感。演说者在演说中要时刻注意自己的行为举止,在表达自己的观点时不要有多余的小动作,在展示产品时也要尽量保持动作雅观。

例如,在直播销讲时,演说者可以从外表和行为举止这两方面入手,做好形象管理,展示出自己对直播的重视和对消费者的尊重。演说者向听众展现自己最好的一面,能够点燃听众的热情,激励听众以同样的热情回应自己。

此外,在听众提出问题时,演说者不要轻易打断,这也是一种尊重。认真聆听听众提出的问题,有助于演说者了解听众的真实需求。这样演说者才可以锁定听众真正关心的问题,有的放矢地调整演说内容，增强说服力。

尊重的态度是双方互信的基础。如果演说者对对方足够尊重，那么在演说者表达自己的观点、尝试说服对方时，对方才不会抗拒，更容易被说服。

4.7 案例：如何让投资人掏钱

人们常说创业是一条九死一生的曲折路，是生是死主要看自己能不能玩转资金链，拿到投资人的钱。

你是否曾经历过这种情况：酒没少喝，但投资申请一次次被拒绝。那么，如何才能说服投资人痛快地掏钱呢？

现在，很多创业者喜欢在演说的一开始就和投资人聊情怀，讲自己创业的艰辛，但实际上并非所有场合都适合聊情怀。在融资路演的过程中，要想打动投资人，单靠情怀未免太没说服力了。

有经验的投资人很反感创业者一上来就说"我们是一家实现梦想的公司"，他们更希望听到创业者说"我们是一家会赚钱的公司"。所以，不要滥用情怀，要想说服投资人就要多说些务实的东西，如何赚钱才是投资人真正想听到的，也是创业者拿到投资的关键。

投资人的时间是有限的，一般你要准备两三天，但投资人只能给你8~10分钟。这些时间绝对不够创业者描述自己庞大的创业计划，所以创业者需要学会抓住重点。

对于研究市场趋势的投资人来说，创业者去描述行业前景未免班门弄斧。与其花时间说一些投资人熟知的内容，不如多说一些项目独有的优势，如创业团队、商业创意、产品优势等。

投资人通常非常喜欢"非草根"团队，如果创业者的团队成员毕业于名校相关专业且有相关工作背景或行业积淀，那么创业者一定要把这些信息告诉投资人，因为这会极大提升投资人对项目的好感。此外，团队的凝聚力也很重要，投资人十分关注创业团队的成员关系是否融洽，因为这关系着项目后期的稳定性。

新的商业创意也是投资人十分看重的。创业者需要向投资人展示公司的定位及清晰的发展方向。特别是在盈利模式方面，创业者要向投资人具体展示公司是如何赚钱的及如何能长久地赚钱。

在这个"酒香也怕巷子深"的时代，突出的产品优势也是十分重要的。创业者要向投资人说明产品是如何满足用户需求的，最好用数据作为依据。重视用户体验的产品，是投资人最喜欢的，因为这样的产品潜力是无限的。

对于投资人来说，商业创意、团队能力、产品优势、盈利模式、发展规划才是他们重点关注的内容。创业者在进行融资路演的过程中，要删繁就简，提取精华，回归创立公司的初心，这样才能顺利说服投资人。

拳头可以打断一个人的肋骨，语言可以穿透一个人的灵魂。

第5章

讲述故事：
讲故事比讲道理更有效

说服别人通常是一个软硬兼施的过程,需要我们晓之以理,动之以情。道理是一个抽象的概念,如果一味地讲道理,对方未必听得进去,反而会激起对方的抵触和逆反心理,使我们的演说产生反作用。

相比之下,通过讲述故事的方式传递信息,有时比直接讲道理更容易让人接受,效果也更好。因此,在演说中,学会讲故事是至关重要的一环。

5.1 为什么要在演说中讲故事

你是否有过这种经历：你在和某人谈话时，对方表现得兴致缺缺。这样不仅难以达成交流沟通的目的，还会让场面十分尴尬。这样的场景也会出现在演说过程中，演说者在台上慷慨激昂地发表言论，听众在下面却兴致索然。

演说虽然是一种常规性活动，却十分考验演说者的语言功力。学会在演说中讲故事，对我们成功说服他人能产生极大的帮助。

讲故事是吸引对方注意力的有效方式。故事是人类认识世界的一种方式，喜欢听故事是扎根在人类基因深处的特点。从古至今，人类对于故事的浓厚兴趣从未减少。比起单调的叙事，生动曲折的故事情节对人们来说有着更大的吸引力。故事具有趣味性，如果我们在演说中加入一个故事，那么演说就会变得生动起来，更能吸引听众的注意力。

另外，讲故事也是调动演说氛围的利器。在讲故事的时候，听众会无意识地与故事中的人物共情，或者与故事的讲述者共情。这个时候，听众更容易被故事所营造的气氛所感染。例如，在看恐怖电影、恐怖小说时，人们会感到紧张和恐惧；在听悲情故事时，人们会感到悲伤和惆怅，难以释怀；在一个人想要开心起来时，就可以观看喜剧电影，当他被故事情节逗得哈哈大笑时，心情也会随之愉悦。由此可见，人们总会轻易地被故事调动情感，不同情感基调的故事往往会营造不同的氛围，带来不同的演说效果。

为什么人们对于故事的接受程度总是大于普通的说教呢？

心理学家麦克莱恩提出，人类的大脑根据进化的顺序，分为最内层的"爬虫脑"、中间层的"哺乳脑"及最外层的"人类脑"，它们分别对应着人类的本能、情感及理性。这就是心理学中的"三脑理论"。在日常生活中，三层大脑的激活状态由内到外呈现递减趋势。也就是说，人们在做一件事时，总是最先受到本能的驱使，接着受到情感的调节控制，最后再由理性做出判断。

由此可见，人们在接收信息时，信息中的情感总是先于道理被接收，给人们留下更深刻的印象，造成更直接的影响。

在讲故事的过程中，人们总会潜移默化地接收故事中的感性成分，进而将整个故事保存在自己的脑海深处。具象化的人物和情节也比抽象化的概念和道理更容易被理解。

另外，在讲故事的时候，讲述者通常以分享的姿态进行信息传递，而接收者则反馈以情绪。比起硬性的说教，这种方式减轻了被说服者的心理压力，消除了他们被教育的心理暗示，建立起了良好的互动氛围。所以比起单方面被教育，人们更喜欢互相分享。

因此如果想通过演说向人们阐述一个道理、观点、产品等，演说者不妨在其中加入一两个小故事，将想要传达的信息融入故事中，这样的演说更生动、更有说服力。

5.2 好故事应该什么样

如果我们决定在演说中插入故事，或者决定用故事去说服某人，那么"怎么才能讲好一个故事"就成了下一个需要思考的问题。换句话说，一个好故事应该是怎样的呢？

丹提·W.摩尔曾在《故事处方》一书中提出一个概念——"隐形磁河"。这个概念总结了一个优秀故事必备的3个要素，分别是"隐形""磁""河"。我们可以通过这3个要素来衡量我们所讲述的故事究竟是不是一个好故事。要知道，只有好故事才能达到说服的目的。

"隐形"是指故事要有一定的主题和内涵。故事里往往包含着艺术化的道理，因此一个用来说服别人的故事，一定要有内核。

讲故事之所以与其他的表达方式不同，是因为故事是含蓄的、内敛的。在外放的情节之下，是被层层包裹的、等待受众自行挖掘的精彩核心。

一个人一生中所听到的故事，不都是为了娱乐，而是有着更深层的意义。我们可以回忆一下，我们读过的各大名著之所以流行至今，被无数人做出精彩解读，有的甚至还发展出了专门研究它们的学说，正是因为它们在故事背后隐藏了许多珍贵的内涵，传达了许多发人深省的人生道理。

我们在演说中讲故事，当然也有自己的目的，这个目的就是将自己的想法有效且准确地传达给其他人，以说服对方。因此我们要讲的故事，一定要和我们想要传达的信息有所关联。如果我们想说服一个人多读书，却给他讲了一个《狼来了》的故事，这无疑对说服对方是毫无帮助的。

当然，作为一个故事，它的目的性既不能深藏不露，也不能完全呈现。只有掌握好内涵隐藏的度，故事才能达到预期的效果。

"磁"是指故事要像磁石一样有吸引力。故事可以增强演说的吸引力，但并不是每个故事都有这个效果。那么什么样的故事才有足够的吸引力呢？

与书面形式呈现出来的故事不同，当我们演说时，故事吸引力的强弱不仅由故事本身决定，还由演说的对象决定。

假设对方极度厌恶某个人，我们却给对方讲了此人的故事，那么这个故事就会起到反作用。所以在给对方讲故事的时候，要以对方的喜好为基础进行故事的选择。以对方感兴趣的或与对方有某种相关性的人、事、物作为故事的主体部分，这样故事才会对对方有足够的吸引力，才能吸引对方聆听，进而使对方产生情感共鸣，被故事的内核所影响。

"河"是指故事要像河流一样，切忌平淡。不管以什么形式呈现，故事必然会有情节。只有故事的情节像河流一样曲折生动且合乎逻辑，故事才具有吸引力和说服力。

同时，故事的故事性也与故事的吸引力息息相关。在讲故事之前，我们不妨进行身份转换，问自己一些问题。例如，我们所要讲述的这个故事，如果由别人讲给我们听，我们会有听下去的欲望吗？这个故事会在我们脑海中留下多深的印象，是震撼灵魂，还是转头就忘？

想通过故事影响他人，我们就需要用故事支配他人的情绪，只有让他人在故事里看到自己的影子，对方才会在不知不觉中接受故事的教化。

由于将故事通过语言描述出来是一种不同于书面呈现的形式，因此讲述人的表现方式和态度也会影响讲故事的效果。在这种情况下，聆听者的情绪不仅由故事本身支配，还会受到讲述者的影响。因此在演说中讲故事时，演说者需要隐藏自己的说教意图，以减少对方的抵触心理。既然用了讲故事的方式，那么说服、教化的任务就交给故事来完成，演说者则需要根据具体情况，起到安抚、鼓励听众的作用。两相结合，才能达到更好的效果。

5.3 故事，真实性 or 戏剧性

在一般语境中，真实性和戏剧性似乎是两个对立面。选择了真实性，就要舍弃戏剧性；选择了戏剧性，那么故事的真实性就会大打折扣。

那么，在以说服对方为前提的情况下，我们的故事，应该选择真实性还是戏剧性呢？

不可否认的是，即便作为一种说服人的工具只在谈话中一闪而过，故事仍然是艺术的一种表现形式。这就意味着，故事一定具有戏剧性。

戏剧性意味着故事具有多方冲突，同时也意味着具有张力。没有戏剧性的故事，就如同一潭死水，无法使人产生灵魂共振，自然也就无法达到说服的目的。

为了达成某种目的，故事有时需要一定的虚构和夸张。大家都知道《望梅止渴》的典故，曹操为了说服众人继续前行，便编造了一个前方有梅子的故事。尽管这个故事是假的，但是成功说服了众人，驱使着他们继续前进。而等到他们达成目的之后，故事的真假已经不重要了。

那么故事的真实性就可以忽略了吗？当然不是。但是在这种情

况下，故事的真实性则更偏向于一种艺术真实。

在戏剧创作中有一个概念，叫作"假定性"。简单来讲，就是人们在观看一些艺术作品时，往往会假定这些艺术作品是真实的，这样即使情节中有一些不合理的地方，人们也会因为"假定性"而趋向于自我修补。例如，话剧表演中往往只用几件家具代表一个房间，然而在观众眼中，它被默认为一个完整的房间。又如，前文提到的《望梅止渴》的故事，人们并不知道它究竟是否是真实的，但是在听到这个故事的时候，人们总默认它是真实的。因此这个故事在流传的过程中达成了它的目的，即告诉人们在遇到困难时，对成功的渴望是一种强大的驱动力。

一般来说，生活化的场景越多，细节越多，一个故事的真实性就越强，人们也就更容易默认它为真实故事。相反，如果一个故事太空洞，没有和实际生活有很强的关联，那么它的真实性就会受到质疑。故事的可信度越低，人们的接受度也就越低。

因此，在演说中讲述故事时，真实性与戏剧性缺一不可。

5.4 用故事打造完美形象

苹果第一代个人计算机的发布会被视作苹果史上最成功的发布会。会上，年轻的乔布斯布置了天地初开的影像资料、耀眼圣洁的白色灯光，以及一个高唱《哈利路亚》的唱诗班。

现场的布置好像在给人们描述一个救世主开天辟地的故事。在这种如同音乐剧一般的情景下，产品经理乔布斯更像一位具有神话色彩的、权威的先知，而当时正面临困境的苹果，也确实在乔布斯的带领下，如神话一般起死回生。

乔布斯说："世界上最有权力的人，是讲故事的人。他们设定了未来世界的场景、价值和流程。"乔布斯是一个很会讲故事的人，他流传甚广的3个演说在不断地给人们讲故事，传递个人价值观的同时，也不断完善、丰富着乔布斯的个人形象。

在打造人物形象方面，讲故事往往比开门见山的自我介绍更取巧。

一个故事不能没有人物。故事的情节是由人物创造的，因此故事的发展多多少少会反映人物的个性。人们总通过一个故事来判断一个人是什么样的，拥有哪些特质。有时候，一个故事可能会颠覆一个人物在大众眼中的形象。

潘仁美的真实原型其实是一位屡建奇功的良将，然而在侠义小说《杨家将》中，他却是一个公报私仇的奸臣。通过故事美化人物形象的情况也不少，例如，著名的《草船借箭》的故事，真正的主人公其实是孙权，然而在《三国演义》中，这一情节却被安排给了诸葛亮，以凸显他足智多谋的形象。

在很多时候，人们需要给自己打造一个有利的人设来提高说服力，而通过讲故事的方式给自己打造人设，往往更容易被对方接受。例如，某位演说者想说明自己很有爱心、喜欢小动物，这时他就可以介绍自己在流浪动物收容站做义工的经历，听众也会更容易记住他"喜欢动物"这个特点。

故事是一种社交工具，不仅可以用来传递信息，也可以用来打造形象。因为人人皆有慕强心理，所以一个完美的形象比一个普通的形象更有说服力。用故事来打造完美形象的时候，演说者要注意以下几点。

第一，人物形象要联系现实，不宜过分脱离实际。用故事打造人物形象使其具有说服力的前提是，人物形象不能过于脱离实际。正因为诸葛亮本身就足够智慧，因此《草船借箭》的故事放到他身上也合情合理。如果把这个故事安在张飞身上，恐怕读者就不会轻易买账了。

第二，人物形象要有明确指向，不能与目标相悖。在讲故事前，要先确定自己准备塑造一个怎样的人物形象，再在这个人物形象的基础上进行发散。假如你想塑造一个守时的人物形象，却讲了一个关于迟到的故事，那么这个故事对打造完美形象就是毫无帮助的。

第三，人物形象要立体，不能扁平化处理。用故事打造一个正面的人物形象的时候，很容易陷入人物扁平化的怪圈，因为你会下意识地美化这个人物形象。也许在你的主观印象里，这个人物真的十全十美，但对于听众来说，太过完美的人物不仅不够真实，还容易引起他们的抵触心理。因此在用故事打造完美形象时，可以试着添加一些无伤大雅的小缺陷，使人物形象更加丰富饱满。

5.5 好习惯生产好故事

好故事的产生与一些日常习惯息息相关。要想生产好故事，就要在日常生活里培养一些好的习惯。

故事通常是生活情景的再现，因此要生产一个好的故事，我们必须做生活的观察者和记录者。生活中发生的一切事情都可以作为故事的原始素材，有了足够丰富的储备，量变才能引起质变，我们才能生产出满足演说对象多种需求的故事。观察得越仔细，故事的真实性就越强；记录得越多，故事内容就越丰富。这样我们在需要讲故事的时候，就能更快地找到合适的故事。

一个人的生活经历毕竟有限，因此除了记录自己的日常生活外，我们还需要更多地了解别人的经历，吸收别人的故事，把它们变成自己的素材。一个故事，我们读过之后有所感悟，那么讲给其他人时也会有一样的效果。那些成功人士的励志故事，正是通过这种方式，激励着很多人。

有时候人们会有这种困扰：我已经记录了尽可能多的故事，但到了该大显身手的时候，大脑却一片空白，一个故事也想不出来。这是因为把素材变成故事的转化率不够。人们在记录事件的时候，如果只记录了事件本身，而没有记住这个事件带给自己的影响，那么过不了多久这个事件就会被遗忘。即使偶尔能记起，在需要的时候也没办法提取，事件就变成了无效素材。所以要想适时地生产故事，就要在记录的同时进行思考，从事件中领悟道理。

讲故事的技巧是需要练习的，在平时和其他人的谈话中，我们可以时不时地加入一些故事。一开始讲故事不必带着说服的目的，只当作分享即可，情节也不必过于曲折，简单完整就好。练习得越多，故事就讲得越得心应手，此时再去尝试讲述较为复杂的故事。没有听众的时候，演说者也可以自己当听众，试着用一个故事来说服自己做一件事。但是演说者不必真的去做这件事，只要在心里有认同感就成功了。

除此之外还有至关重要的一点，那就是在日常生活中培养共情能力。同一个故事，共情能力强的人讲述出来效果更好，因为共情能力强的人不仅可以深刻理解故事的内涵，还能与故事中的人物感同身受。

生产一个好的故事，并非一朝一夕之功，而需要长久练习。只有在平时养成好习惯，才能在演说时讲出好故事。

5.6 场景与故事是最佳拍档

如果把故事比作一种产品,那么在生产这种产品的时候,我们就要考虑产品的应用场景。

我们在观看戏剧等艺术作品时,总离不开场景。很多时候我们被戏剧中的某个情节或某一句话触动,其实并不完全是因为这个情节或这句话本身,而是因为通过场景的渲染让我们对人物的处境有了一定的了解,然后才感同身受,产生共鸣。

考虑故事的应用场景尤为重要,一样的故事,在不同的场景下,可能会产生截然不同的效果。同样一个分手后反而生活得更幸福的故事,说给失恋的人听,对方可能会备受鼓舞,而说给一个正处于热恋期的人听,对方大概率会感到莫名其妙:你和我说这个故事有什么意义?难道是为了鼓励我分手?

人们总说,在合适的场合说合适的话,这其实就是在说场景的作用。一个合适的场景,可以放大故事的说服效果。相反,一个不合适的场景,则可能会对故事的效果造成毁灭性的打击。因此我们在讲述故事的时候,要把讲述故事的场景也纳入考虑范围之内。

我们在观看各类演说节目的时候不难发现,很多人在演说的时候总喜欢插入故事作为演说的一部分。这是因为在演说的场景下,演说者与听众正处于一种默认的交流状态下,演说者负责输出观点，听众负责接受观点。在这样一种配合默契的场景状态下，故事可以最大限度发挥出它的作用。

在生产故事时，我们需要通过设想场景来对故事的效果进行评估。就像生产一种产品，我们必须考虑用户会在什么样的场景下使用它，这样才能更准确地判断产品有没有满足用户的需求，有没有达到设计产品的预期目标，有没有不合理的地方需要改进。故事也一样，只有提前考虑好故事的需求场景，有针对性地进行创作，故事才能发挥出它的最大价值。

在讲述故事时，也要充分考虑场景的因素。只有听者以开放的姿态接收信息，信息才能实现最好的传递效果。如果在对方内心充满抗拒、拒绝接收信息的场景下，即使用讲故事的方式进行演说，说服对方也是一件困难的事。相反，如果在对方对故事很有兴趣的场景下，故事就会轻而易举地被接受。另外，讲故事时的周边氛围也会对故事的效果造成影响，如果故事内外的场景十分契合，听故事的人将更容易产生共鸣。

5.7 把对方拉进你的故事中

人之所以没有被说服，一种情况是因为他们有自己固有的一套认知，另一种情况是他们虽然没有固定的想法，但还在犹豫是否听从我们的想法。不管是哪种情况，我们都需要打破这种僵局，让对方抛弃固有的思维方式，用我们的角度和逻辑分析问题，与我们产生共鸣。

要想在演说中用故事说服别人，仅生产出一个好的故事还不够，还需要让这个故事产生最大效果。想让故事完全发挥作用，就要让对方真正进入故事中。听故事的人只有进入故事，理解了故事的内核，他才会认为这个故事是深刻的。

要把对方拉进故事中，我们就要先明白故事究竟是怎么对人的认知产生作用的。

人们的大脑在接收一个故事的时候，往往会发生一种叫作"神经耦合"的活动。美国普林斯顿大学的心理学研究小组做过一场有趣的实验，其找来一位叫作劳伦的受试者，让她向另外11个受试者讲述自己高中时期的一些遭遇，同时用磁共振成像技术记录受试者的脑部活动。结果显示，那些受试者在听故事时的脑部活动与劳伦的脑部活动惊人相似，大脑活动部位也有大面积重合。也就是说，劳伦在讲故事的时候，听者仿佛同她一起经历了这些遭遇，因此与她有着同样的感受。通过"神经耦合"作用，演说者在演说中讲故事可以引起听众的共鸣，听众会获得十分真切的代入感，从而与演说者的心理距离更近，更容易被演说者说服。

亲身经历的事情总比听来的更为深刻，"神经耦合"的移情作用能够让不同的个体有机会体验同一段经历。

我们可以回忆一下，是否有过这种经历：当我们在电影院里观赏一部电影时，是否会随着主人公的情绪在不经意间调节自己的情绪。在读一本小说时，是否会和主人公一起哭、一起笑，好像经历了主人公所经历的事情一样。当我们结束观赏之后，观赏时的感受和体会依旧会给我们留下很深的印象，有时甚至会促使我们寻找和研究与作品有关的更多信息。这时，我们虽然已经从故事中脱身，却依然潜移默化地受到了故事的影响。进入故事的程度越深，受到的影响就越大，甚至会出现难以自拔的情况。

在平常生活中，人们在评价文艺作品的时候，总会使用一个词：代入感。所谓代入感，就是人们在欣赏这些作品的时候，无意识、被动地进入作品所创造的情景中，将自己想象成故事的主角，身临其境地感受故事中人物的情感。代入感强，人们产生的共鸣也就越强烈。我们只有把对方拉进自己的故事中，才能更好地引导对方，使对方做出相应的反应。

想让故事变得更有代入感，演说者可以试着增加一些细节的描述。人们在听到一个词语的时候，大脑中的布洛卡区和威尔尼克区活动会相对剧烈，这是大脑接收一个词语并试图解析它的表现。但当你把一个词语描述为一个具体的情景时，往往会激活接收者更多的脑部区域，包括控制视觉和听觉的区域。当你对人们说"两人三足运动"时，人们对这个词语往往没有很强烈的反应。但当你将这项运动描述为"两个人并排站好，将两人挨着的腿用绳子绑好，使两人在前进过程中以相同的节奏迈出绑在一起的腿，由起点出发行进至终点"时，对方脑海中马上就会出现运动的画面，甚至还能想象到观众的加油声。

5.8 瞄准对方的情绪爆发点

神经学家安东尼奥·达马西奥曾经做过一个实验，他找来了一位大脑杏仁核受损的病人，让这位病人在两个日期中选择一个作为医患会面的日期，结果这位病人迟迟无法做出选择。这位病人可以很快地列出其他与会面有关的事情，却没办法做出简单的选择。

安东尼奥发现，一个杏仁核受损的人往往难以做出简单的决定，尽管他们大脑其他部分非常健全。当他们站在一个分岔路口时，"向左走还是向右走"这样一个简单的选择，都可能让他们花费几个小时的时间。

杏仁核是我们大脑的情绪控制中心。它负责产生情绪、感受情绪及调节情绪。安东尼奥的实验说明了一个事实：情绪是驱使人们做出选择和决定的重要因素。一个无法产生情绪、感受情绪、调节情绪的人，要比普通人耗费更多的精力做决定。

换句话说，你的情绪正在控制着你做出选择。而你的选择，又往往决定着你的行为。一个人的情绪，会对他的行为起决定性的作用。

　　这个结论并不难理解。当人们感到快乐时，他们会笑。当人们感到难过时，他们会哭。当人们感到无聊时，他们就会去找些乐子，让自己有事可做。关键在于，我们要怎么通过调动人们的情绪，引导他们做出相应的行为呢？

　　这就需要我们在讲故事的过程中时刻注意，准确找到对方的情绪爆发点，使对方在情绪的作用下被说服。

　　如果把演说对象比作身披盔甲、刀枪不入的战士，那么他的情绪爆发点就是他身上最没有防备的一块软肋。在情绪爆发的临界点，人的念头往往最容易动摇，人也最容易被说服。

　　英国诗人拜伦有一则轶事流传甚广。某日他在街上散步，偶遇一位盲人正在乞讨。盲人手上拿着一个盒子，身上挂着的牌子上写着：自幼失明，寻求帮助。然而效果并不理想，他的盒子里空空如也，路过的人对他视而不见。拜伦见此情景，便在盲人的牌子上加了一句话：春天来了，我却看不见。行人看到这句话被深深触动，心生怜悯，于是纷纷解囊相助。

　　拜伦通过调动人们的情绪爆发点，用一句话说服了众人伸出援手。行人在看到这句话后都会将自己代入到这个情景中：这么美好的春天，如果我看不到，那该多么伤心啊。故事的代入感越强，对方越能感同身受，爆发的情绪就越强烈，取得的说服效果也就越好。

有一点需要注意，当我们试图判断对方的情绪时，要和实际场景联系起来。我们都知道人开心的时候会笑，但开心并不是笑的唯一原因，在不同的场景下，笑可能是苦笑，可能是讥笑，也可能是尴尬的讪笑。因此单纯通过行为去判断一个人的情绪是容易产生谬误的，只有和环境因素联系起来，我们才能找到对方真正的情绪爆发点。

5.9　案例：在招商演说中如何巧用故事

招商演说的主要目的是将公司的经营理念、核心价值观、产品优势等传递给听众，引起听众的兴趣，激发他们购买产品或者达成合作，实现盈利。

一些人认为，在演说中传递情感就是讲述一些煽情的故事，以引起听众的同情，其实不然。传递情感并不意味着煽情，招商人员可以在演说中通过讲故事创设一个具体的情境，传达自己对某件事、某个对象的肯定或否定的态度，自己的希望、感慨、坚持等情感，让听众产生情感共鸣，从而认可演说的内容，促成合作。

招商人员需要注意，演说最忌讳的就是平铺直叙。在讲述故事时，演说者的情绪要随着故事情节的发展而有所变化。例如，在项目的不同发展阶段，招商人员可能会感到迷茫、困惑，也可能会感到兴奋、自豪。演说者要将这些感受真情实感地传达给听众，这样演说才更有说服力。

招商人员在演说中可以通过故事展现产品、项目研发的艰辛，有时可能很小的一件事就能引起听众的共鸣。有了共鸣，听众就更容易对演说内容产生认同感，也更容易被说服。但需要注意的是，讲故事不等同于卖惨，招商人员一定要把握好度，避免使听众认为自己在博取同情。

在某届电子产品招商大会上，招商人员小明在招商路演中对产品研发的艰苦历程进行了详细讲述，通过讲故事的方式拉近了和听众的距离。

小明表示，公司刚成立的时候，曾经面临资金链断裂的危险。一开始，产品的预售订单很多，短时间内销售额就突破了20万元。但是生产设备突然出现了问题，公司花费了很多时间、资金来维修。但在恢复正常生产时，消费市场对电子产品的热度已经消退了，很多预订产品的客户都逃单了。同时，由于没有按时交付产品，很多客户对公司有诸多怨言，公司在舆论方面承受很大的压力。但也正是因为经历了这次波折，公司才下定决心进行整改，这才有了现在的辉煌。

通过讲故事回顾公司的发展史，小明成功拉近了与听众的距离，听众对公司的理念和认真研发产品的态度更加认可。招商人员需要注意，讲故事不能占用太多时间，故事只是引子，要为之后的重点内容留够充足的时间。

现阶段所取得的成果是招商人员演说的重点。公司现在良好的发展状况、强大的产品供应能力等是吸引目标客户的主要方面。因此，招商人员要在演说中充分体现项目、产品的优势，让目标客户从公司的现状看到未来发展的潜力。

> 找到对方的情绪爆发点，使对方在情绪的作用下被说服。

第6章

巧妙提问:
学会提问,让对方自己说服自己

尽管演说的最终目的是说服别人，但演说是多人参与的活动，单方面输出观点很容易让对方厌烦，有来有往地互动才会让对方更有参与感。在说服对方的过程中，很多演说者会忽视一个重要的环节，那就是提问。

可能有人会说，说服别人，难道不是我单向输出自己的想法就行了吗？怎么还要向对方提问？其实在说服对方的过程中向对方提出问题是很有用的技巧，只要问题足够巧妙，我们不仅可以从对方的回答中发现症结所在，有时还可以引发对方思考，让对方跟着我们的思路发现自己存在的问题，自己说服自己。

6.1 小问题有大能量

在禅院里,一位弟子请教禅师:"在生活中,阻碍人们视线、让人们迷失了方向不能继续向前的事物是什么?"

禅师没有直接回答他的问题,反而向他提问道:"你看天空大吗?"

弟子回答:"大。"

禅师问:"你看树叶大吗?"

弟子回答:"不大。"

禅师点点头,问道:"天空能挡住人们的眼睛吗?"

弟子回答:"不能。"

禅师又问:"那树叶能挡住人们的眼睛吗?"

弟子豁然开朗:"能。"

禅师没有直接回答弟子的问题,只是连续提出了几个问题,便让弟子自己想通了答案:阻碍人们视线,让人迷失了方向不能继续向前的,往往是生活中的一些小事。

在生活中,提问是我们获取答案、了解事实的有效途径。但很多人并没有意识到,除了追寻答案,提问还有更大的作用。古希腊哲学家苏格拉底曾说:"人类最高级的智慧就是向自己或别人提问。"有时我们为了达成说服的目的，也会采用提问的方式。这时我们提出问题往往不是为了寻求答案，而是为了引导对方的思路，让对方说出我们所期望的答案。

一些招商人员在会销演说时没有头绪，不知道该如何开场。其实，招商人员可以用一个简单的问题引出话题，然后逐渐深挖产品瞄准的目标用户的痛点。

在某场会销大会上，招商人员小陈运用提问的方式介绍了公司的电动颈椎按摩枕，吸引了很多加盟商的注意力。

小陈没有选择直接推销产品，而是先提出一个问题："在工作一天之后，大家是否会感觉脖颈僵硬，头抬不起来？有这种状况的人请举手。"大部分人都举手了。小陈继续问道："大家想不想改善这种情况？"相信对于这个问题，大多数人的答案都是肯定的。小陈继续说道："一个好的枕头可以缓解大家工作一天后的疲惫，让大家的脖颈得到放松，还能预防颈椎病。"

引发听众思考之后，小陈继续提问："大家认为什么样的枕头才是一个好的枕头呢？"小陈没有给出这一问题的答案，而是继续引导听众，"大多数颈椎病都是由枕头不合适引起的。因为人们工作了一天，颈椎已经处于高压状态，在睡觉时枕着不合适的枕头导致颈椎得不到舒缓，超负荷工作，长此以往，就会引发颈椎病。"

在问题和用户痛点的铺垫下，小陈接下来介绍了自己公司的产品："我们公司的电动颈椎按摩枕的设计符合人体工学，具有按摩功能，可以减轻颈椎压力。在睡觉前，大家可以开启按摩枕按摩脖颈，以缓解疲劳；在睡觉时，大家可以关闭按摩功能，将它作为一个枕头，枕芯中含有养心安神的药草，能够提升睡眠质量。"

演说者通过一些简单的问题一步步引导听众思考，深入挖掘他们的痛点，可以使他们在自己创设的情境中更加认同演说者所说的内容，从而自己说服自己。

这种带有目的性、引导对方思考的提问方式，更容易让对方接受并产生深刻印象。在各种演说活动中，引导式提问经常能发挥巨大作用。

6.2 引导对方说出你想要的答案

若采用提问的方式说服对方，最重要也是最关键的一点在于，引导对方说出我们想要的答案。与其他的提问方式不同，引导式提问有着明确的指向性。在这方面，大家可以参考哲学大师苏格拉底的对话方式。

柏拉图在《对话录》中记载，自己的老师苏格拉底从不向学生直接传授经验，不会直接回答学生提出的问题，而是根据学生的疑惑不断地提出问题，让学生根据问题自行思考，帮助学生厘清思路，使学生受到启发，最终认识到自己的错误，找出真相。

苏格拉底采用的这种问答方式被公认为"最聪明的劝诱法"，通过这种方式，苏格拉底的学生能够自然而然地认识到自己的错误，接受苏格拉底的规劝。最重要的是，在这种情况下，学生的最终结论往往是由自己一步步推导得出的，因而能够坦然接受。从苏格拉底的提问法中，我们可以总结归纳出以下几个提问的要点。

首先，我们的引导方向要明确。也就是说，在演说时，我们在提问之前，自己心里要有一个预期的答案，即想要说服对方的事。提问与回答是一个双向交流的过程，如果目标指向不明确，在提问与回答的过程中我们很可能被对方的思路带跑，偏离预期的说服方向，影响最终的说服效果。如果我们在提问的过程中坚持自己的观点，就很容易能发现对方回答中的不合理之处，这时我们就可以借鉴苏格拉底的引导方式：苏格拉底在和人讨论问题的过程中，如果发现对方回答错误，苏格拉底就会将对方的回答进一步引向错误的方向，让对方明白自己回答的荒谬，随后再通过一步步启发，引导对方逐渐趋近真相。

其次，我们要注意提问应多从对方的角度出发。我们之所以选择用提问的方式说服别人，正是因为相比其他方法，提问法得出的结论是由对方自己得出的，所以更容易让人接受。因此我们提问的时候，也要让对方觉得，我们真的在为他们着想，这样他们会更愿意回答我们提出的问题，也更容易跟随我们的思路进行发散思考。正如苏格拉底在提问的时候，总会先提出几个对方认同的观点，让对方回答"是",再从对方的立场对问题进行分析,使对方认识到自己的错误。

此外,在演说中,我们在提问的时候也要多注意引导性语言的应用,通过提问从侧面挖掘对方的真实需求,从而选择更合适的说服方式。

6.3 将信息融入问题中

心理学史上有一个著名的"看不见的大猩猩"的实验,实验由伊利诺伊大学的丹尼尔·西蒙斯完成。在实验中,实验人员告诉参与实验的志愿者:"等会儿你们将会被问到穿黑衣服的人的传球次数",然后给他们播放了一段视频。视频里有若干穿着黑色或白色衣服的运动员在互相传球,并且有一位由人扮演的黑猩猩从人群中穿过。视频结束后,志愿者几乎都能说出准确的传球次数,但有相当多的人表示自己根本没有看见大猩猩。

这个实验说明了人会产生"无意盲视"。尽管人们接收到了许多信息,但大脑只会选择性处理一部分信息。视频开始前的提问,导致大多数人都把注意力集中到了黑衣球员的身上,忽略了其他信息。

由此可见,问题的选择十分重要,人们通常会把注意力放在问题所涉及的事物上。在演说中进行提问的时候，我们要将信息融入问题中。提问的本质，就是把我们想说的话换一种方式表达出来。因此，我们想向对方传达的信息，也要在问题中表现出来。

我们都知道乔布斯是一位成功的商人，除此之外，他还是一位善于说服别人的人。乔布斯曾试图挖走约翰·斯卡利，让其和自己合作，但在当时，斯卡利还担任着百事可乐总裁的职务。斯卡利考虑了很久，还是没有下定决心和乔布斯合作。

这时乔布斯问出了那个令人拍案叫绝的问题："你是想卖一辈子糖水，还是想和我一起改变世界？"

这是任何一个有志向、有抱负的年轻人都不能拒绝的一句话，斯卡利也不例外。听到这句话后，斯卡利毅然决然地放弃了自己原本的事业，加入了苹果，成为苹果的首席执行官。

乔布斯的这个问题里包含了他想传递给斯卡利的关键信息：和我合作，加入苹果，我们将有机会改变世界。

在一次现场销讲中，销售人员小王很巧妙地运用提问，促进了更多订单成交。小王以一件商品为主推出两种套餐，A套餐更加经济实惠，B套餐的产品在功能上有一个升级，但是价格更高。然后小王向在场的消费者提出这样一个问题："你们选择A套餐，还是选择B套餐呢？"

小王提出的这个问题将信息（A套餐和B套餐）融入其中，引导消费者比较A套餐和B套餐，从而明确更符合自己需求的套餐是哪一个。这个问题十分巧妙，它以默认消费者会下单为前提，不是让消费者思考买还是不买，而是直接引导消费者思考"买哪一个"。消费者思考的过程就是说服自己的过程，这样无论消费者最终选择购买 A 套餐还是 B 套餐，都可以成功促成交易。

但是需要注意的是，销售人员在使用这种方法时不能给消费者过多选择，选择太多反而会令消费者更犹豫，结果可能适得其反。

6.4 高效的"6+1"问题成交法

在销售行业，流行着一种"6+1"问题成交法。即由销售人员向顾客提出问题，如果连续 6 个问题顾客的回答都是肯定回答，那么第 7 个问题，客户也会按照惯性，自然而然地给出肯定回答。

在心理学中，这种情况实际上是"登门槛效应"在起作用。美国社会心理学家弗里德曼与弗雷瑟曾经做过一个实验，他们首先派人向一群家庭主妇提出一个请求：在家门口立一个"小心驾驶"的警示牌，而且这个警示牌非常大。这个请求被 80% 以上的主妇拒绝了。

过了一段时间，实验人员又选择了另一批家庭主妇，并向她们提出了另外一个请求：在支持交通安全的请愿书上签字。几乎所有家庭主妇都签了字。几天之后，实验人员再次找到了这批家庭主妇，并请求她们在窗户上挂上小小的宣传标语。这次依旧有大部分家庭主妇同意了。又过了一段时间，实验人员再次登门拜访，这次他们的请求是：为了提升宣传效果，我们需要在您的院子前放置一个"小心驾驶"的警示牌，这个警示牌可能会非常大，希望您能配合。令人惊喜的是，这一次，有超过50%的家庭主妇同意了。

同样的请求，第一组家庭主妇绝大部分都拒绝了，而第二组家庭主妇则有一大半人同意了。这是因为在一般情况下，人们不愿意接受一些较麻烦的请求，因为他们觉得这样会花费太多的精力。但人们出于不好意思拒绝等原因，很容易答应一些小的、简单的请求。在同意了小的请求之后，人们会尝试接受一些大一点的请求。如此重复，人们慢慢会接受难度较大的请求。这就是心理学上的"登门槛效应"。

这种"6+1"问题成交法不仅可以用在销售情景中，还可以用在其他需要说服别人的场合中。因为人们在生活中普遍有避难趋易的倾向，所以如果要说服某人做某事，不妨先从简单的事情开始。

例如，在一家设备生产商的现场销讲会上，销售人员可以先向目标客户提出6个问题："你们是否认同高效生产是获得利润的最主要因素？""考虑到目前的市场情况，你们是否认为技术改革有利于生产出符合市场需求的产品？""以前你们的技术更新对产品的生产有帮助吗？""如果再引进新的机器可以把你们的产品做得更好，是否有利于提高你们的竞争力呢？""如果你们按照我的方法进行实验,并且对实验结果满意,你们愿意为厂里添置一些这样的机器吗?""接下来,我会给大家详细介绍这种机器的特点及优势,大家愿意聆听吗?"

毫无疑问,对于前 6 个问题,大部分人的答案都是肯定的。销售人员这时可以再提出第 7 个问题:"我们的机器生产效率更高、产品质量更好,但是价格略高于市面上的同类型机器,你们能接受吗?"在"登门槛效应"的影响下,大部分客户的答案还是肯定的。这样销售人员就在"6+1"问题成交法的帮助下,促成更多订单,获得更多收益。

在演说中提问的时候,演说者可以先问一些无关紧要的、能得到肯定答案的问题,然后逐渐问出计划中的、真正想问的问题,这样对方大概率会给出符合我们预期的反馈。

6.5 提问越多,讲话越少

我们的提问越多,意味着对方将有更多的说话机会,与此同时,我们的讲话机会也会相应减少。也许有人会疑惑:我们既然要说服对方,难道不应该比对方说得更多吗?

我们在通过演说来说服别人的过程中,时常会陷入一个误区,那就是认为只要说得够多,对方就一定会被说服。其实事实未必如此，有时候我们说得越多，对方反而会越听不进去，这样说服对方的难度就会增加。

生活中经常有这样的案例：两个人一开始只是在心平气和地讲道理，试图说服对方。然而随着谈话的进行，两个人说的话越来越多，火药味也越来越浓，最后差点吵起来，但依旧谁也不服谁。这样的说服无疑是失败的，不仅没能让对方认同自己的观点，还影响了两个人之间的关系。为什么我们本来好心劝解，最后反而和对方产生矛盾了呢？这是因为很多人都忽视了"少说话"在说服中的必要性。

其实在演说中，并不是话越多越好。曾有一家大公司做过一个实验，其选出了一批推销员向客户推销同一批产品，说服客户购买。经过严格培训和筛选，这些推销员的推销技术并没有太大的差异。按理来说，这些推销员的推销效果也不会有太大的差异，然而最终的结果却让人大吃一惊：这批推销员的销售结果有好有坏，不同的推销员之间有着很大的差别。

为了弄清原因，公司找出了推销员中推销效果最强的10%和推销效果最差的10%，并将他们放在一起进行比较。结果表明，推销效果强的推销员在推销的过程中，讲话的时长平均只有12分钟；而推销效果差的推销员讲话的平均时长则高达30分钟。推销效果强的人花了更多的时间去倾听客户的话，而推销效果差的人说的话比客户还要多出3倍。

这个实验说明讲话量的多少会对说服效果产生影响，演说者的说服力并不与他的讲话量成正比。心理学大师格瑞德·古德罗在《谈话的艺术》一书中写道："沉默可以调节说话和听讲的节奏。沉默在谈话中的作用，就相当于零在数学中的作用。尽管是'零'，却很关键。没有沉默，一切交流都无法进行。"

被誉为"世界第一保险推销员"的哈默里就很懂得沉默在实际生活中的应用。他在推销保险的时候，并不会喋喋不休地向对方介绍产品有多好，而是经常向对方提出问题，然后保持沉默，专注倾听。一方面，对方在回答问题的时候，会感到自己的需求被认真倾听和考虑。另一方面，哈默里主动地提问，也是在鼓励对方说话，拉近两人之间的距离与关系。就这样，哈默里凭借着不断地提问与沉默，在一年之内卖出了几千万美元的保险，成为最成功的保险推销员之一。

除此之外，对他人的回答保持沉默，有时也会让对方对自己说的话产生怀疑。有两家公司谈一桩生意，在报价时，A公司并没有直接说出自己的定价，而是抛出了一个问题，问B公司准备以什么样的价格收购。此时A公司正面临破产，B公司想当然地认为对方此时处境危急，一定会答应自己的所有要求，于是把价格压到很低。然而A公司的经理对报价没有发表任何看法，既没有同意也没有拒绝，只是不动声色地让秘书订好机票，准备去谈另一场生意。B公司没想到经理竟然没有立刻答应，于是进行内部商讨，觉得自己的报价太低,权衡利弊后最终以原价收购了 A 公司的这批产品。

由此可见,只要提问和沉默运用得当,说服的成功率将大大提高。不必过于在意我们说了多少话,而要在意对方听进去了多少话,毕竟说服对方才是我们最终的目的。

6.6 利用提问,吸引对方注意力

通常来说,在聆听问题及回答问题时,人们的注意力是十分集中的。演说更多的是单向表达,即演说者单方面地向听众传递自己的观点,听众反馈很少。如果演说者在演说中加入提问环节,那么演说就可以从单向表达转化为双向沟通。

演说者在演说中提出一些问题不仅有利于让对方更集中精力,还能引发对方思考,激发其参与积极性,形成良好的互动氛围,在无形中增强演说的感染力和说服力。在利用提问吸引对方注意力时,演说者需要掌握以下几个技巧。

第一,语气很重要。在向对方提问时,演说者的语气应该是温和的。如果演说者的提问咄咄逼人,那么会给对方带来心理压力,对方会产生厌烦甚至抵触情绪。这样演说者说服对方的难度就更大了,比较好的方式是和对方像朋友一样轻松、自然地沟通。

第二，注意措辞。有时演说者想要提的问题比较敏感，但如果不提问，又会影响演说效果。在提问这类问题时，演说者要注意措辞，可以使用一些委婉的表达方法，这样在提出敏感问题时，不会让对方感觉自己被冒犯。

第三，问题要有意义。演说者提出的问题可以是跳脱常理的、令人感到意外的，但必须与演说内容有关系，否则就没有意义。

第四，提出的问题要深入浅出。在提出问题时，演说者要让对方感觉这个问题很复杂。但经演说者解释后，对方会发现这个问题并不难，这样对方会感觉茅塞顿开、醍醐灌顶，从而对演说更有兴趣，更容易被说服。

第五，先不给出答案。演说进行到中途，对方可能心不在焉、昏昏欲睡，这时演说者可以提出一个问题，以引起对方的注意力。在这种情况下，演说者在提出问题后可以先不给出问题的答案，在演说结束时再给出答案。

6.7 开放性问题更加实用

开放性问题是相对于封闭性问题来说的。所谓开放性问题，就是指那些在回答的时候不能只用固定答案来回答的问题。开放性问题往往没有预设的标准答案，对回答不做限制，只需要回答者根据自己的经历和想法自由发挥。开放性问题的答案，很大程度上取决于回答者的修养、思维与学识，可能是深刻的、新奇的、令人震撼的，也可能是肤浅的、表面的、无意义的。

例如，"你吃饭了吗"就是一个封闭性问题，回答者只能给出"吃了"或"没有吃"这两种答案之一。"你吃的什么？好吃吗？"这两个问题就是开放性问题，没有标准答案，只能由回答者根据个人经历和体验来回答。

与封闭性问题相比，开放性问题的回答余地是很宽泛的。开放性问题没有封闭性问题那么强的导向性，它意在更全面、翔实地了解回答者的主观想法。在这种情况下，回答者会感受到自己的想法得到了充分尊重，而不会感到自己被强制提问和剖析，因此也更愿意配合提问者，更容易建立起良好的沟通氛围。在访谈节目中，主持人大部分提问的都是开放性问题，这样就能有效消除被采访人的紧张感与隔阂感，让其更愿意回答。

开放性问题对于建立良性互动很有帮助。平时我们和其他人聊天的时候，如果只用封闭性问题去提问，就很容易把天聊"死"。这是因为我们在问问题的时候已经给出了答案，而回答者只需要在两个答案中选择一个就可以了。在聊天的过程中，对方是非常被动的，只能跟着提问者的节奏机械性地回答问题，自己的想法无法得到完全呈现。久而久之，对方就会失去回答的兴趣，而提问者的问题也会因为对方没有接话而"枯竭"。

开放性问题很适合用于演说，因为其具有很大的回答空间，能有效地激发听众的表达欲望，促使听众参与到演说中。听众感受到轻松、自由的演说氛围，便会对演说产生更大的兴趣。一般来说，开放性问题主要聚焦于"是什么、为什么、怎么办"，一些典型问法如"为什么……""……如何""如何……""哪些……"，等等。

但是，在提出开放性问题的时候，演说者需要注意以下几点。

1. 问题要轻松自然

演说者可以以其他话题开头，自然地引出想要提出的问题，而且最好不要直接涉及演说的主题。这样问的目的在于一步步引导对方，对方在肯定了我们提出的问题后，自然会得出积极的结论，更容易被说服。

2. 不要否定听众的回答

在演说中，如果演说者提出了一个开放性问题，但是听众的回答不符合演说者的预期，这时演说者不能直接否定听众的观点。演说者可以机智、委婉地表明自己的观点，然后用其他话题转移听众的注意力，从而让他们忘记自己所持的观点。这是将演说继续下去、不至于引发很强烈的冲突的明智之举。

3. 避开听众的忌讳

事实上，每个人都有自己的忌讳，相信所有人都讨厌别人提及自己的忌讳。演说者在提出开放性问题之前，应该仔细分析听众的特征，以避开听众忌讳的话题，以免伤害听众的自尊心，给说服听众带来更大困难。

听众都喜欢轻松、和谐的演说氛围，演说者是否能达到演说目的，也与听众是否愿意与其互动有很大的关系。演说者多提一些开放性问题，能激发听众回答问题的兴趣。听众在演说中有更多参与感，与演说者的距离就能进一步缩小，就更容易被说服，这样演说者的演说目的就更容易达到。

6.8 3种有效的提问方法

在演说中，比较常用的提问方法主要有3种：正反提问法、选择提问法、反问提问法。

正反提问法，顾名思义，即在提问中从正反两个方面中选择一个方面，如是不是、好不好、要不要、对不对等。

选择提问法，即在提问中给出两个选择，让对方二选一。选择提问法已经界定了答案的范围，所以对方能更容易得到答案。

反问提问法，即利用提出疑问的形式表达确定的意思，通常只提问，不做回答。在进行反问时，答案一般暗含在反问句中，听众可以从中了解演说者想表达的观点。

1. 正反提问法

（1）是不是

例1：随着经济水平的提升，人们的需求越来越多样化、精细化，对产品质量的要求也更高了，是不是？

例2：如果你们使用了我们公司的产品，生产效率和产品质量就会得到大幅提升，从而抢占更多市场份额，建立坚固的竞争壁垒，这样购买我们的产品所付出的成本就显得微不足道了，是不是这个道理呢？

（2）好不好

例1：我知道大家都被我设置的悬念吸引了，接下来我就为大家揭晓谜底，大家说好不好？

例2：我可以向大家毫无保留地传授我的经验和技巧，但是在接下来的演说中，大家要积极参与互动，好不好？

（3）要不要

例1：今天我们的产品价格是有史以来最低的，而且我们的产品质量大家也了解了，那么大家要不要抢购一些呢？

例2：对于如何提升自己的说服力这一问题大家都很感兴趣，

那么大家要不要听我讲讲具体的方法呢？

（4）对不对

例1：在这个流量为王的时代，有了充足的流量，就有了变现的基础，对不对？

例2：虽然这种方法有很多优点，但不可否认的是，它也有很多缺点，对不对？

2. 选择提问法

在使用选择提问法时，问题的设计是重中之重，即要设计一个能够让对方二选一的问题。那么，演说者在使用选择提问法进行提问时，应该如何设计问题呢？可以按照下面两个步骤进行。

第一，明确让对方选择的范围，即自己希望对方对哪两种选择进行比较。

第二，将这两种选择融合在问句中，让对方二选一，例如，"你们选方案一，还是方案二呢？"

设计二选一的问题并不复杂，演说者只要按照上面的步骤，就能设计出合理的问题，在演说中引导对方的思路，尽快使其做出决定。

以下是选择提问法的两个案例。

例1：选择我们的平台提升获客精准度和继续使用旧方法艰难获客，你们选择哪一种？第一种还是第二种？

例2：现在就运用新技术升级系统和出现问题后再改进系统，你们选择哪一个？

3. 反问提问法

在演说中合理使用反问不仅可以增强语气，提升演说者的气势和说服力，还可以引发对方对问题的思考，有助于让对方自己说服自己。以下是反问提问法的几个案例。

例1：失败了一次，你就轻易放弃了吗？

例2：与市面上的其他同类型产品相比，难道大家不觉得我们的产品更契合你们的需求吗？

6.9 案例：如何用提问说服大客户

乔·库尔曼是美国著名的金牌寿险销售员，曾担任美国百万圆桌俱乐部主席，他成功销售出4万份寿险的秘诀就是懂得提问。"客户说得越多就越喜欢你"，库尔曼在推销过程中大量地向客户提出问题，引导他们给出回答，并通过他们的回答获得关于客户的更多关键信息。这些信息帮助他更好地完成销售任务。

运用好提问这一技巧，将会对说服客户有很大帮助。

小王的公司专门生产办公用品。一次小王开发了一个新客户，对方刚好需要一批办公用品。于是小王登门拜访，准备向对方演说，以推销自己公司的产品。

然而当小王来到对方的办公室的时候，对方却表现得没什么兴趣。

小王问："您想了解一下我们公司的产品吗？"

对方正忙着办公，头也不抬地回答："我很忙，没有时间。"

小王又问："好的，我们可以另外约个时间再谈，您什么时候方便呢？"

对方抬起头说："同类型的产品很多，我需要考虑考虑。"

小王听了对方的回答之后并没有急着介绍自己公司产品的优势，而是环顾四周，看到了办公室里摆放的产品，便开口问道："这是您生产的产品吗？"

被问到自己生产的产品，对方回答道："这些产品吗？是我生产的。"

得到了回应后，小王继续问道："您干这行多久了呢？"

对方停下了手中的工作，思考了一会儿回答道："有10多年了。"

小王想到了库尔曼的成功秘诀——不断提问。"你是怎么开始你的事业的呢？"这是一句有魔力的话，即使是那些忙得不可开交的人，在听到了这句话后，也愿意花上几分钟的时间来回答这个问题。于是小王把话题转移到了对方的事业上，问："您是怎么开始做这一行的呢？"

此时对方的态度比一开始有所缓和，说起自己的事业，他显得热情许多："我从年轻的时候就一直在做这一行，后来想自己干出一番事业，就离开了原来的公司和家乡，自己出来创业。"

"哦？您不是本地人？"小王见对方的态度有所缓和，有了继续交流的欲望，就跟着对方的节奏继续提问。

对方的态度此时已经非常友好了，他说："不是，我老家在另一座城市，离这里很远。"

小王说："那您一个人背井离乡出来创业，一定很不容易吧？"

对方开始滔滔不绝地说起来，从自己的创业经历谈到现在的公司业务，足足谈了一个多小时，最后他还热情地邀请小王到自己的工厂进行参观。

小王用一个个问题拉近了自己和对方的距离，消除了两人之间的隔阂，达到了交流的目的。最终小王不仅成功地拿下了这笔订单，还和对方成为朋友。后来，对方接连给小王介绍了很多新客户。

当你想要说服一个人时，可以先把表达的机会让给他。

第 7 章

说话形式：
在细微之处打动听众

在演说时，我们开口讲的第一句话在一定程度上决定了演说的格调和说服的结果。选择合适的说话形式，可以让听者与我们的距离更近，可以让有意向的客户更快下订单。反之，我们开口第一句话就被拒绝，就会错失重要的商业机会。因此，我们要学会用正确的形式演说，开口就要说金句。

7.1 开场：活用主题句和排比句

一场演说的开场十分重要，好的开场能迅速引起听众的兴趣，活跃演说现场的氛围，为演说的顺利进行做铺垫。以下是两个快速开场的方法。

1. 利用主题句开场，开门见山，直奔主题

有的演说时间较长，有的演说时间较短。对于简短的演说来说，一开始就直奔主题，利用主题句开场非常重要。这样能够让对方直观地明白演说的主旨，对演说产生期待。

例如，在一场招商演说上，面向众多代理商，小李用一个主题句作为开场白，开门见山地介绍了演说的主题："产品要想打开新的市场，占据更多市场份额，就要立足两个方面：挖掘用户需求和满足用户需求。"

小李表示，其公司研发的空气净化器就是从挖掘用户需求和满足用户需求这两个方面入手的。小王说道："目前市面上已有的空气净化器存在一些问题，不能很好地满足用户需求。例如，一些空气净化器除甲醛和除 PM2.5 的效果没有办法衡量，用户不知道其效果到底如何。而我们公司生产的空气净化器能够显示 PM2.5 的

数值，让用户更直观地看到产品的实际效果。"

主题句能够起到提纲挈领的作用，因此主题句一定要简短、精练，用一句话把演说内容概括清楚即可。如果主题句过长或句子结构过于复杂，如主题词的定语过多，那么对方就不能很快地了解演说的主题到底是什么，也会觉得演说者逻辑性不强。

2. 利用排比句开场

演说的开场方式多种多样，用排比句开场也是演说者常用的开场方式。排比句节奏感较强，朗朗上口，能够增强演说者的气势，奠定演说的基调，提升说服力。此外，使用排比句开场会让对方觉得眼前一亮，从而认为演说者是一个具有条理性的人，对演说者产生好的印象。

例如，小赵在一次制造业招商大会上的演说运用了排比句开场，他用排比句介绍公司的加盟产品，获得了很好的效果。

小赵说道："在数智化新时代，各大企业要想在制造领域中占有一席之地，产品的优势必须突出，品牌的优势必须突出，管理的优势也必须突出。"

在以上开场白中，小赵使用排比句开场，增加了演说的气势，在一开始就充分吸引人们的注意力，还让人们明白下面的演说内容是围绕什么展开的。

随后，小赵在演说中对开场排比句涉及的 3 个方面进行展开叙述:"在突出产品优势方面,产品应该实现个性化和定制化,这样才能满足人们的多样化需求,占据更多消费市场,保持创新与活力;在突出品牌优势方面,企业可以打造品牌矩阵,如在母品牌的基础上衍生子品牌;在突出管理优势方面,企业应与时俱进,学习新时代先进的管理理念,尝试和国际接轨,以管理创新带动企业良好发展。"

用排比句开场是对演说内容的凝练、概括,也可以对后续演说内容起到提示作用。演说者在演说准备阶段,可以预演不同的开场方式,以选择最契合演说主题和演说对象的开场方式,尽可能在一开场就给对方带来惊喜。

7.2 画面感:描绘具体场景

画面感是指某种东西能够给人们带来联想,让人们的脑海中形成栩栩如生的画面,使人们产生身临其境的真实感。营造画面感对提升演说效果具有十分重要的作用,更容易给对方留下深刻的印象,产生更强的说服力。在演说中,演说者可以用语言或数字营造画面感。

在使用语言营造画面感时,演说者最好选择平常不常用但又十分贴合具体场景的词语,这样会给对方带来一种新鲜感,更容易在对方脑海中形成生动的画面。

在演说中使用数字营造画面感的方法并不常用，但它的效果比使用语言营造画面感更好。在使用数字营造画面感时，演说者可以把较为抽象的数字转换为具象的、可感知的画面。例如，在环保演说中，演说者可以将"100亿吨垃圾"改为"垃圾可以堆满5000个足球场"这种具象化的描述。这样听众的脑海中就会有具体的画面，引起听众对环保问题的重视。

画面感不仅能够增强演说的说服力，还能够引发听众的情感共鸣。实际上，在语言出现之前，人类就用动作、表情等来传达情感，情感是我们日常表达中不可缺少的一部分。

在营造画面感时，演说者需要注意以下3个方面。

第一，适当引发对方的恐惧。人们都向往美好的事物，但同时又非常害怕失去。一旦想到在未来的某一天有可能会失去美好的事物，人们就会莫名恐惧。例如，一想到在未来，海平面不断上升，我们生存的家园将被海水淹没，每个人都会产生恐惧。因此，演说者可以将失去美好事物的情景和如今的幸福生活进行对比，让对方展开想象，在脑海中呈现失去美好事物之后的画面，让他们在恐惧中产生共鸣。

第二，从自己的真实经历入手。通常来说，真实的经历更有"血肉"，有助于营造画面感。而且演说者的真实经历可能也是很多听众所拥有的经历，所以更容易引起共鸣，这样听众便很容易被说服。

第三，要掌握分寸。在描述具体的事情时，如果演说者一味地追求情感刺激，夸大或虚构具体的情节，那么反倒不利于听众形成画面感，听众可能还会对演说者所讲述内容的真实性产生怀疑。

7.3 细节描述："冰块比马桶还脏"

学会让细节的描述更具体化，对演说成功来讲非常重要。给对方一个具体的描述，可以减少对方理解问题的时间，从而更快反馈一个明确且有利于沟通的行动。那么如何描述具体的细节呢？

第一，描述一个对方能快速反应的类比项。我们在形容一些不好形容的物品时，可以选择另一件特点鲜明的物品来类比，以此突出这件物品的某一个特点。例如，"冰块比马桶还脏""小明瘦得像竹竿一样""建设一个网站与建造一栋房子所耗费的时间、人力和成本是相同的"。

现代人最注重效率，所以如果我们能用简单的语言说清楚一件事就不要用复杂的语言。在演说过程中，对方与我们的思维习惯不同。有时我们很轻易就能理解的问题，对方却不明白。这时，我们就需要借助一个大家都知道的东西来进行具体描述。

第二，描述一个轻松、简单就能得到的结果。如果我们要说服他人做一件事，怎样说对方才更容易接受呢？一定是告诉他这件事很轻松、简单，不会耽误他太多的时间，不会耗费他太多的精力。例如，如果你对客户说："我们的产品在包装、设计等方面非常简单，随时随地都可以使用。无论您是吃饭、开会，还是在路上、车上，都能够随身携带，一点都不妨碍行动。"这样，比起另一件设计复杂的产品，客户更有可能会选择你的产品。

第三，突出结果的可信性。如果对方心中存疑，那么他就不太可能接受我们的观点，所以我们要通过强调可信性消除他心中的疑虑。例如，"仅仅21天，××的身材就回到了原样，体重下降了10斤，而且没有反弹的迹象，血压、血糖也比从前更正常了""坚持使用这款纯植物面膜1个月以后，××的肤色白了一个度，而且皮肤变得非常有弹性"。

增加关于可信性的描述，可以让我们的演说更有说服力。在做决定前每个人都会犹豫，所以我们要尽可能在演说过程中给对方安全感，让他觉得他担心的问题都不是问题，从而快速做出决策。

我们必须本着打消对方疑虑，为对方说服自己找到更多理由，权衡各方利弊的原则描述细节。我们如果不描述细节，而是直接向对方灌输观点，那么很难成功说服对方，甚至还会引起对方的逆反心理。只有通过细节描述给出足够具有说服力的理由，才能更快地说服对方，更好地实现变现。

7.4 修辞:"电老虎会咬人,千万不能碰"

亚里士多德认为,隐喻让语言具有"言词之美"。当你想告诉别人一个新观点或抽象的概念时,就可以把它用恰当的修辞方法转化为具体的事物,从而让对方快速理解。

沃伦·巴菲特是最擅长说服的人之一。巴菲特在接受访谈时,特别擅长用隐喻表达自己的观点。例如,巴菲特曾把那些有持久竞争优势的企业形容为被"护城河"(优势)环绕的"经济城堡",这些企业在行业内有绝对的竞争优势,让竞争对手难以抗衡。

除此之外,巴菲特在波克夏·哈萨威公司年度股东大会上的演说,将健康照护支出的增长,比作美国经济的"绦虫",指出这个问题正在蚕食美国经济体系的基础。巴菲特没有解释"绦虫"的含义,也没有指出"绦虫"变大的后果,却把问题的严重性明确地传达给了每一位听他演说的人。当时报道此事的媒体都在报道中使用了"绦虫"一词,既形象又简洁。

恰当的修辞能将文字转化为图像,让被说服者更清楚地理解我们的观点。例如,我们告诉孩子"电门有危险不能碰",孩子其实是不能理解的,因为这超出了他的认知和知识储备。但如果我们告诉孩子"电老虎会咬人,千万不能碰",他就容易理解了。因为老虎是他认知范围内的东西，而且老虎咬人会在他的脑海中形成画面，从而让他明白电门的危险性。

7.5 欲扬先抑：先告诉对方产品存在缺点

俗话说，金无足赤，人无完人。这个道理在商业中同样适用，即没有十全十美的产品。一些销售人员在推销产品时，刻意隐瞒产品的缺点，把产品夸得天花乱坠，殊不知这样会使消费者对产品产生怀疑。相比刻意隐瞒产品的缺点，销售人员在销讲时坦诚地讲明产品的缺点，反而更能赢得消费者的信任，获得更好的销售业绩。

在销讲过程中，销售人员坦然地表明产品的缺点是十分有必要的。在这方面，销售人员需要注意以下两个要点。

第一，主动讲明产品存在缺点。如果销售人员在介绍产品时回避了产品的缺点，一味地阐述产品的优点，等到消费者询问时才遮遮掩掩地讲出产品的缺点，就会降低消费者对销售人员的信任度，消费者甚至会放弃购买。有些产品的缺点十分明显，即使销售人员不主动表明，消费者也知道产品的缺点，销售人员主动表明产品的缺点反而会使消费者觉得真诚。"真诚是永远的必杀技"，所以主动讲明产品存在缺点，消费者大概率会下单购买。

第二，用产品的价格优势弱化产品的缺点。一些产品之所以便宜，是因为其在功能或功效上存在缺陷，而较低的价格往往会成为产品的竞争优势。市场中消费者的需求多种多样，有的消费者追求高性价比，有的消费者追求高质量，销售人员在表明产品缺点的同时表明产品的价格优势，可以更精准地吸引追求性价比的消费者购买产品。

例如，某销售人员在对一款手机进行现场销讲时，就坦然地表明手机在功能方面存在缺陷："该款手机比较轻薄、小巧，因为其屏幕尺寸仅有4.2英寸。屏幕小可能会给大家带来不便，如看视频、玩游戏的体验不太好。"但同时他也讲明该款手机在价格上有明显优势。

该销售人员推销的这款手机有着时尚的外观设计，机身很轻薄、小巧，携带方便。同时该款手机搭载的是最先进的处理器，性能比较优越。

在表明手机的缺点后，销售人员顺势说道："虽然这款手机屏幕比较小，但它有一个最大的优点就是便宜。在此基础上，它还具有机身轻薄、携带方便、性能优越等优点。这款手机绝对是喜欢小屏手机的消费者的不二之选。"

由于该销售人员在销讲中先坦然地讲明了这款手机存在的缺点，再表明该款手机拥有的诸多优点，所以消费者更容易忽略该款手机存在的不足。而且，销售人员的真诚、坦率是消费者欣赏的。

所以即便这款手机的缺点很明显，但依然有很多消费者争相购买，使这款手机取得了不俗的销量。

7.6 谈吐：吐字清晰，发音准确

中国疆域辽阔，不同的地方有不同的方言，导致不同的人在发音、吐字方面存在差别。在演说中，吐字是否清晰、发音是否标准，在很大程度上影响着演说的效果。如果演说者发音不标准，不仅会使听众觉得演说者不专业，还可能会闹笑话，让演说者在演说中陷入尴尬的境地。演说者切忌使用方言进行演说，这样会让听众觉得不正式，而且方言较为晦涩难懂，听众可能不明白演说者想要表达的意思。

演说者要练好普通话，这是演说取得良好效果的基础。具体来说，就是要吐字清晰、发音准确，让在场的每位听众都能听清、听懂。听众只有听懂了，才有可能认同演说内容。如果听众听不清、听不懂，又何谈对演说内容产生兴趣，被演说者说服呢？

在闲暇时间，演说者可以勤加练习自己的普通话。演说者可以借助一些工具，如普通话练习App，跟着App读一遍，再自己读一遍，以了解差距，及时改正。演说者还可以寻求他人的帮助，例如，在练习结束后和家人、朋友聊天，让他们检查自己的练习成果，如果有不对之处，让他们及时帮自己纠正。

演说者也不能忽视吐字清晰的训练。一些带着一股"方言味"的普通话的演说者要着重练习口腔开合、唇的圆展、舌的前伸后缩等，使自己的发音更准确、清晰。

一些演说者分不清平舌音（z、c、s）和翘舌音（zh、ch、sh、r）、鼻音（n）和边音（l），还有一些演说者分不清4个音调。这些演说者需要进行正音训练，按照标准的普通话矫正自己的方言音、难点音。

如果演说者能够做到吐字清晰、发音准确，那么就可以追求声音优美、动听。要想使演说时的声音优美、动听，演说者就要进行共鸣训练，即学会如何控制胸腔、口腔和头腔这3个共鸣腔体。"世上无难事，只怕有心人。"只要演说者能坚持练习，吐字不清、发音不准的问题终会被解决。

7.7 重复：强化重要内容

在演说时重复不重要的信息是啰唆，而重复重点信息，则能够强化听众对这些内容的印象。通过各种方式对重点信息进行重复，可以让听众充分感受到其重要性，同时也有利于为听众留出消化信息的时间。

牛津大学曾邀请丘吉尔在"成功秘诀"讲座上发表演说。演说开始前三个月,各大媒体开始争相报道。演说当日,会场人山人海,除了牛津大学的学生,还来了许多社会名流和记者。人们都想听听这位著名政治家、外交家的成功秘诀是什么。

丘吉尔走上台,用手势止住如雷的掌声后,说:"我的成功秘诀有三个:第一是,决不放弃;第二是,决不、决不放弃;第三是,决不、决不、决不放弃!"说完后,丘吉尔便走下了台。会场在经过片刻的安静后,爆发出了雷鸣般的掌声。

丘吉尔的演说虽然简短,但用3句重复的话,既强调了自己的决心,也将"决不放弃"深深地植入在场每一个人的脑海中。

所以,在演说中巧用重复这个技巧,能有效提升演说的感染力和影响力。如果在开场时使用重复这个技巧,可以起到振聋发聩的作用,让注意力尚不集中的听众迅速集中注意力,聆听接下来的演说内容。

例如,在直播销讲中,主播强化消费者记忆能够深化消费者对商品的认知,从而激发消费者的购物热情。那么,主播在展示商品时,应如何强化消费者记忆?这需要主播重复商品优点。

以某服装店铺的主播为例,在直播开始时,主播需要告知消费者今天会试穿多少种服装,试穿的服装的特点,以及优惠活动等。在直播的单品介绍环节,主播可以对每件服装进行5分钟左右的详细解说,对服装的外观、材质、样式、尺码、着装场景等进行解说。在展示服装的环节中，主播可以对不同款式服装的外观进行详细的描述，以便突出商品优点，强化消费者记忆。例如，主播可以说："这件外套带有几何波浪纹，两边是收腰的，款式很别致。"

形象化说明可以让消费者进一步了解商品的优点。在试穿服装的时候，主播需要再次说明每款服装的材质、所适合的体型和适合穿着的场景等。例如，主播可以这样说："我现在穿的这套工装裙是羊毛针织的材质，同时采用灯笼袖的设计，适合多种体型，非常适合上班穿。"

不断强化商品的优点能够吸引消费者购买，同样，直播间的福利活动也能够激发消费者的购买热情。因此，在直播过程中，主播需要多次重复福利活动，如"现在下单享 9 折优惠""本件商品 7.5 折促销"等。这种福利的多次提醒能够强化消费者对商品优惠的认知，从而激发消费者的购物热情。

7.8 案例：从共同话题入手拉近双方距离

小洁是某平台的一名带货主播。她原本性格十分内向，不喜欢与人交流，因此在刚进入直播带货领域时，她的直播表现不好，也不知道如何与直播间的粉丝互动。这导致她的直播间人气很低，产品的销量也十分惨淡。

为了更好地推销产品，提高产品销量，小洁下定决心改变这种现状。小洁虚心地向另一位经验丰富的主播请教，这位主播给了小洁很多帮助，例如，在直播前和小洁反复预演直播场景，帮助小洁调整产品上架顺序，教小洁应该如何和观众沟通等。在与观众沟通方面，这位主播告诉小洁可以从共同话题入手，拉近与观众的距离。

小洁听从了这位主播的建议，在每次直播销讲前，小洁都会先了解产品的目标受众，明确目标受众的特点、需求，从而提前准备相关话题。在直播销讲的过程中，观众在评论区提出的问题大多是小洁提前准备的问题，这样小洁就能积极地和直播间的观众共同探讨，这使直播间的气氛十分火热。感受到直播的魅力后，小洁的性格也变得活泼了起来，在直播销讲时，她能够自如地和观众交流。久而久之，小洁积累了一大批粉丝，直播间的销售额也得到了稳步提升。

如何与陌生人自然地交流是困扰很多人的问题，因为现实中的大部分人不是"社牛"，无法与一个陌生人熟络地交流。而共同话题就是一个很好的切入点，尤其在直播中，共同话题是联系主播和观众的桥梁。如果主播一直在讲观众不感兴趣的话题，那么观众会觉得索然无味，也不会在直播间停留，更不会下单购买产品了。

主播可以从以下几个方面入手寻找共同话题。

首先，主播可以从小细节入手寻找和观众的共同话题。以服装销讲为例，直播销讲的流程是这样的：暖场—开场—介绍产品—模特展示—上链接—成交—结束。其中，介绍产品很重要，在很大程度上它会影响成交量。但很多主播都会犯一个错误，即在介绍产品时，只介绍产品大的方面，如产品的材质、款式等，而忽视小细节，如怎么护理、怎么清洗、怎么搭配等。

其实很多观众会受细节问题的困扰，例如，冬天羽绒服不好清洗，羊毛大衣的袖子、口袋部分会起球等。这些小细节其实就可以作为共同话题，如果主播在销讲时不仅介绍产品大的方面，还介绍这些小细节，就会使观众感觉主播的服务很周到，对于这些小细节的讨论也能够拉近主播和观众的距离。

其次，主播可以将观众在评论区提出的同一类问题作为共同话题。例如，主播在推销一款大衣时，很多观众询问："这款大衣适合搭配什么裤子？"主播就可以以此为话题，引导直播间的其他观众展开讨论，之后再给出自己的建议。

最后，主播可以从自己的经历入手，和观众展开讨论，引起观众的共鸣。例如，销售宠物零食的主播可以在直播的过程中分享自己与宠物的趣事，也可以分享养宠物过程中的烦恼。由于直播间的观众大多是"铲屎官"，因此对于主播讲述的故事能够有很深的感受，从而产生共鸣，积极参与讨论。

讨论共同话题是拉近双方关系的有效方法，虽然演说大多为演说者单向输出观点，但以共同话题入手进行演说，能够提高听众对于演说的兴趣，拉近听众与演说者的距离，激发听众的讨论热情。听众信任演说者，才会信任他推荐的产品，从而实现成交。

> 无论在何种形式的说服过程中，我们都不必在意对与错，而应该追求有效说服。

第8章

意外事件：
及时反应，巧妙处理

在演说过程中，偶尔会出现一些难以预料的情况。有些情况是客观原因造成的，有些情况是主观原因造成的。这就要求演说者有较强的临场反应能力和良好的心理素质，能够随机应变，灵活自如地面对这些情况，让演说更加精彩。

8.1 出现口误：将负面危机转化为机遇

口误是演说中容易出现的失误之一，许多演说者即便看着PPT演说也会因为紧张导致本想说的话脱口而出变成另外一个意思。引发演说者口误的原因有很多，有可能是听众突然走出会场，也有可能是听众突然发出了异样的声音。

即便知名主持人也会在主持中犯错。美国前总统赫伯特·胡佛这样一个知名人物，美国知名主持人哈利·范·泽西却曾在广播中念错了他的名字，"女士们，先生们，接下来为我们演说的是美利坚合众国总统胡伯特·西佛，大家请欢迎"。虽然这并没有影响哈利·范·泽西的职业生涯，但仍然是他工作中一次非常严重的失误。除此之外，素有"伟大沟通者"之称的罗纳德·里根总统，也曾在演说时将维也纳飞机场误说为越南飞机场。

名人尚且如此，普通人出现口误也实属正常。出错未必是很严重的事，演说时的口误有时还会为演说者带来意想不到的转机，使听众对演说印象更深刻。

当演出者出现口误时，惊慌失措并不能解决任何问题，只会带来更糟糕的局面。如果演说者在演说时出现口误，无意中说错了某个词语，一定要冷静下来，及时采取补救措施，不要打乱自己的节奏。

很多演说者在出现口误之后的补救方法是马上向听众道歉。虽然及时道歉是挽回局面的好方法，只要演说者的态度足够真诚，就能够获得听众的原谅。但是，演说一般讲究流畅、连贯、和谐，当演说者开口道歉时，即便语气再真诚，也会打断演说的连贯性与和谐性，甚至有时道完歉再继续演说，演说者就会发现自己忘词了。

其实在绝大多数情况下，听众不会马上意识到发生了什么，因为听众通常是被动接收信息的，需要一定的时间理解和消化。所以，如果在演说过程中出现口误，演说者可以先保持镇定，继续演说，当观点完整表述或演说即将结束时再借机开口询问听众："刚才我犯了一个错误，不知大家注意到了没有？"如果听众的回答是肯定的，那么演说者可以顺势夸奖听众一番："大家听得很认真，谢谢大家对我的支持，大家说得对，这个问题的确是这样的。"如果听众的回答是否定的，那么演说者也可以自然地纠正自己的错误："其实，这个问题的正确说法是这样的……"

演说者在纠正口误时一定要让听众听清楚，不要给听众一种敷衍了事或企图狡辩的感觉。这件事本身不是什么大事，绝大多数听众也不会因为演说者出现了口误而直接起身离开。如果可以的话，演说者可以开一个无伤大雅的玩笑。这样的方式自然有趣，既能够达到纠正口误的目的，又能够活跃演说气氛，可谓一举两得。

8.2 忘词：及时调整，借机与听众互动

虽然许多演说者在演说前都会准备得很充分，但在正式演说时还会忘词。为了解决演说过程中出现的忘词问题，演说者需要掌握以下5个技巧，如图8-1所示。

1. 争取时间，回忆内容
2. 调整情绪和状态
3. 利用暖场缓和气氛
4. 借用其他演说者的观点
5. 向听众提问，与听众互动

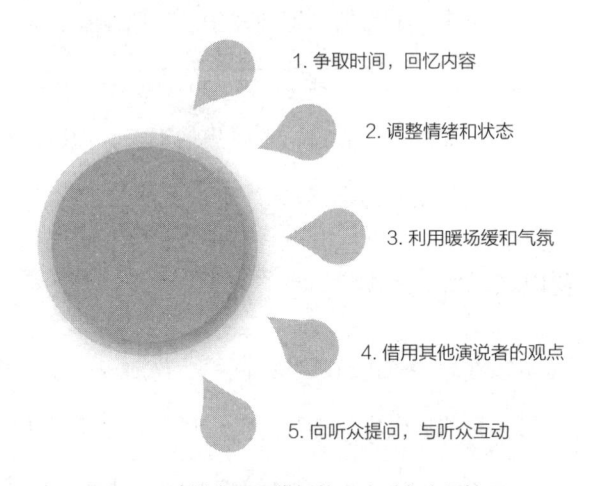

图 8-1 演说者需要掌握的 5 个避免忘词技巧

1. 争取时间，回忆内容

听众有时候并不能很快意识到演说者忘词了，因此，演说者可以争取时间回忆自己要讲的内容。例如，演说者可以带领听众做一

个小游戏，不仅能够让听众有参与感，还有可以为自己组织语言争取时间。

演说者可以将自己的演说内容写在纸上，在演说间隙看一看。对于一些无法回忆起的内容，演说者可以选择跳过，直接进入下一个话题，不影响演说的流畅性。

2. 调整情绪和状态

忘词是一件很常见的事情，即便发生了，听众也会理解。大部分演说者因紧张忘词，或者因到了不熟悉的演说环境忘词。因此，演说者在演说前需要调整好心态，不要焦灼不安，而应该在演说时沉浸投入，避免因为紧张而忘词。

3. 利用暖场缓和气氛

演说者可以在忘词时进行暖场，说一些与演说核心内容关系不大，但是能够衔接前后内容的话，避免现场气氛过于尴尬。演说者在忘词时可以转移话题，谈论一下演说心情，或者与听众进行互动，既可以拉近与听众的距离，获得听众好感，又可以为自己争取时间，重新构思内容。

4. 借用其他演说者的观点

演说者如果在演说过程中忘词，可以借用其他演说者的观点，加入自己的见解，进行一段演说，缓解忘词的尴尬。毕竟大部分的演说都有特定的主题，演说者都是围绕着同一个主题进行分享的。

5. 向听众提问，与听众互动

演说者在忘词时可以利用与听众的互动争取时间，如向听众提问，询问听众有什么看法，利用听众回答问题的时间思考自己接下来应该讲什么。而且在讨论与交流的过程中，某些听众的观点也会给予演说者提示。演说者如果想起来接下来要讲的内容，那就接着讲；如果想不起来，那就可以将听众的回答作为自己的观点去展开论述。

演说者不仅要巧妙地解决忘词问题，还需要预防忘词情况的发生。演说者应该在演说前制作好PPT，准备一些故事和向听众提问的问题，事先进行多次演练，熟悉演说场景。相信通过这些方法，演说者可以很好地规避和解决忘词问题，不让自己陷入尴尬境地。

8.3 刁钻问题："以柔克刚"，争取私下解决

许多演说者十分害怕现场提问环节，总担心听众会提出一些刁钻问题让自己下不来台，无法有效控场。实际上，问答环节如果能

够做好，会为演说的整体效果加分不少，不仅能够拉近演说者与听众的距离，听众也会对演说者印象深刻。因此，演说者可以学习以下技巧，巧妙度过提问环节。

1. 为自己争取思考的时间

面对突然出现的问题，演说者需要为自己争取一些思考时间。演说者可以选择在回答问题之前，重复一遍听众的问题，既加深了对问题的理解，又能够为自己组织语言争取时间。同时，演说者也可以邀请在场的其他听众参与到问题的讨论中，问问他们面对同样的情况会怎么做，这也是争取时间的一种方式。

2. 牢牢控制节奏

演说者在回答听众的问题时，要把时间尽量控制在 2~3 分钟内，否则很可能顾此失彼，分散其他听众的注意力。演说者的回答不能太长，要简单、清晰、有条理。

3. 调动其他听众

演说者在回答听众的问题时，也要注意现场其他听众的反应，吸引他们的注意力，尽量将某个听众的问题进行延伸，变成共同的问题。如果演说者只顾与提问者进行眼神交流，而不注意其他听众，那么其他听众就会分散注意力，左顾右盼，后面再想吸引他们就比较困难了。

4. 控制情绪，正确看待听众的提问

演说者在演说过程中一定要学会控制自己的情绪，只有学会了控制情绪，才有资格谈控场。有时候，演说者可能会觉得听众提出的问题相对刁钻，让人难以回答。实际上，演说者需要明白，听众提出刁钻的问题并不是要故意为难演说者，而是十分信任演说者，需要演说者答疑解惑。

如果遇到刁钻问题，演说者可以以真诚的态度与听众进行沟通，而不是抱着对立的态度。从另一个角度来看，听众提出的刁钻问题其实对演说者来说是有一定价值的，可以帮助演说者提高自身能力，加深演说者对相关知识的理解，启发演说者思考。

5. 自信，保持微笑

无论演说中遇到多么难以回答的问题，演说者都需要保持微笑，礼貌应对，展现出一种自信的姿态。演说现场往往有许多听众，演说者的一举一动都会被关注到。如果演说者对待问题敷衍了事，很容易给听众留下不好的印象。

6. 认真倾听问题，尊重听众

演说者需要认真倾听听众的问题，尤其是在听众描述问题时，

不要轻易打断，而是需要思考听众真正想要了解的问题是什么，了解听众的需求。只有这样才能够了解听众真正想要解决的问题，有针对性地回答问题。

7. 采用拖延战术

当演说者遇到自己无法回答的问题时，可以采用拖延战术，将听众的问题挪到私下解决。演说者可以说："这个问题十分有新意，我可能需要比较长的时间为你解答。但现在时间并不富裕，为了照顾现场其他听众的感受，我们演出结束后私下探讨可以吗？"

8.4 缺乏互动：主动引导，活跃气氛

在问答环节，演说者一般要提前准备几个常见问题，以防现场没有听众进行提问，造成尴尬的局面。演说者也可以选择主动出击，现场邀请听众进行提问，或者拿着麦克风采访听众。如果听众不知道该如何回答，那么演说者可以不断调整提问方式，直到听众能够回答出问题。当然，只有上面的方法是不够的，演说者还可以引导听众进行提问，有以下6个方法，如图8-2所示。

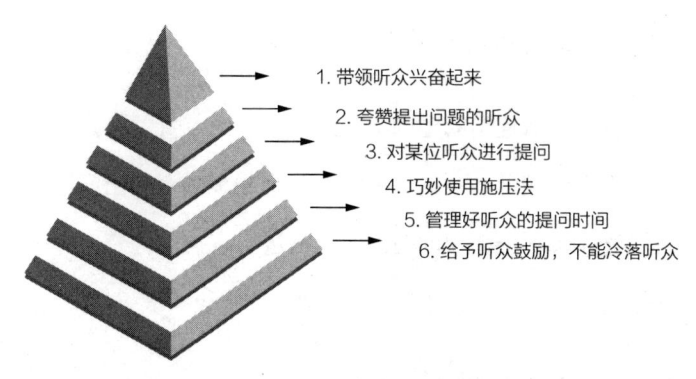

图 8-2　演说者引导听众进行提问的 6 个方法

1. 带领听众兴奋起来

每个演说者可能都会幻想这样的场景，在演说结束后，演说者说："大家有没有什么问题想问我？"底下的听众就会纷纷响应，这其实是理想化的情境。一般提问环节位于整场演说的结尾处，听众可能会感到疲惫或注意力分散，而不愿意提问。为了避免这种情况发生，演说者在询问听众有没有问题要问时可以带着听众做一些动作，如举手等，让他们重新兴奋起来。

演说者可以对听众说："我很想回答大家的问题，请问谁要问第一个问题？"以这种方式暗示听众，演说者还会问第二、第三、第四个问题。说完后，演说者应该继续举着手，尽量不要放下。这个动作会给听众一种感觉：如果没人提问，那么演说者的手就不会放下来。

2. 夸赞提出问题的听众

演说者可以对提出问题的听众进行适当的夸赞，特别是要对第一个举手提出问题的听众进行夸赞，鼓励更多听众提出问题。如果演说者能够对每一个提出问题的听众都进行表扬与夸赞，那么提问的听众会越来越多，气氛也会更加热烈。

3. 对某位听众进行提问

演说者可以在没有听众愿意提问的情况下，随机找一位听众对他说："我刚才发现您好像有问题想问我。现在能告诉我您有什么问题吗？"如果对方手足无措，提不出问题，这时演说者需要给自己找个台阶下："看来这位听众要问的问题有点多，不知道怎么开口，以前演说时总有人会问我……（具体问题），您也想问这个问题吗？"哪怕听众看出来这个问题是你提前准备的，也不会拒绝。

4. 巧妙使用施压法

演说者可以使用施压法来应对现场没人提问的情况，可以对听众说："时间有限，我现在只能请三位听众提问题。"在限时的情况下，很多听众都会产生一定的心理压力，当演说者说时间不多时，他们就会想赶紧提问，否则就没有机会了。

5. 管理好听众的提问时间

管理时间在提问环节十分重要。演说者在提问环节需要注意时间，提前说明可以预留多少时间给听众提问。演说者在回答听众问题时，一定要重述一遍听众的问题。例如，如果听众问："我们如何才能让自己成为演说大师？"那么演说者可以这样说："您的意思是如何努力才能让自己成为一名演说大师，是吗？"演说者重述听众的问题就相当于再一次明确了问题，这样可以避免其他听众再问同样的问题，从而影响提问进度。

6. 给予听众鼓励，不能冷落听众

演说者应该给予现场听众鼓励，让他们共同参与到提问环节中。在提问环节，如果参与人数过多，演说者不太可能让所有听众都参与提问，有些听众需要稍作等待。如果演说者只顾着和一位听众交流，而毫不理会其他听众，那么其他听众就不愿意再进行互动了。因此，演说者可以在多名听众举手的情况下，对一方进行回答，并对另一方点头示意，告诉他马上就可以提问了。这样会让听众感觉到自己并没有被冷落。

如果听众的问题不明确，那么演说者需要再次询问听众："非常不好意思，我不是非常理解您的问题，能麻烦您重复一遍，告诉我问题的关键所在吗？"这样听众不会觉得自己受到了冒犯，而且演说者还可以在听众重述问题时思考一个更好的解决方案。

8.5 故意打断：委婉提醒，做好控场

在演说过程中，演说者可能会遇到自己的演说被听众恶意打断，或者听众故意说负能量的话的情况。面对这些听众，演说者可以从以下5个方面入手。

第一，了解起哄者起哄的动机。演说者应该了解起哄者打断自己讲话的原因，重新组织自己的语言。例如，演说者可以对打断演说的听众说："您可以等我把话说完再提建议，谢谢您。""先生您好，如果您有重要的事可以先说，如果您没有什么事，那么请认真思考我提出的问题，等我说完问题后再提出自己的看法。"

第二，以公司或组织的名义回应听众，尽量不要以个人名义回应听众。个人的力量相对有限，如果以公司或组织的名义回应，听众会有所忌惮，收敛自己的行为。

第三，以正面语言引导听众。演说者可以对听众说："我相信在场的都是有素质的听众，能够尊重每一位演说者，不随意打断他们的发言。"

第四，牢牢掌控个人观点。如果听众非要在演说者发表观点时插话，那么演说者可以等待这位听众将话说完后再继续表明自己的观点。随后，演说者需要用严厉但非责备的语气提醒听众，自己的

演说被打断了,并继续演说。例如,演说者可以这样说:"刚才您突然打断了我的演说,现在我想继续说我自己的观点,因为这个观点非常重要。"

第五,树立自己的权威。演说者在演说过程中要树立自己的权威,被听众打断,也要及时拉回话题,展现自己的自信与对话题的熟知程度,以一种冷静的方式表达自己的想法。

每一场演说都是演说者的心血。如果听众对演说者发出无端干扰,那么演说者必定会感到尴尬、难堪。演说者需要保持良好的心态,只要根据上述 5 点,即便听众无理取闹,演说者也能够应对自如。

演说者要相信:如果你讨厌听众故意捣乱、打断发言,其他听众同样讨厌。演说者和听众是一个利益共同体,演说者输出信息,听众获取信息。演说者可以从听众的立场来指责捣乱的听众:"打断我的演说没关系,但请不要打断其他听众的思路!"

8.6 设备故障:不要慌乱,说明情况

演说设备出现故障也是一件会对演说者造成极大干扰的事情。对于演说者来说,在演说时能够心态放松地完成演说已经不容易了,如果设备故障,则更是雪上加霜。因此,演说者需要在演说前

选择一套备用方案，防止现场设备发生故障。

例如，有位演说者曾经遇到设备故障的情况。他在演说过程中需要两台投影仪，一台用于和客户进行远程沟通，另一台用于演说，但是当时这两台投影仪都不能正常运行，情况十分糟糕。

他是如何应对这种情况的呢？他决定放弃使用投影仪，也放弃与客户进行远程沟通，他将自己的演说内容总结为一个清单，这个清单很短，也不正式。随后，他将清单发放给听众，并向听众表示："现场的投影仪出现故障，无法展示PPT，请大家将就一下。虽然没有PPT，但是我讲解的核心内容都列在了清单上，大家可以参考一下，我也会为大家认真演说，请放心。"

还有一种方法是，演说者可以将PPT打印出来，随身携带，以作备用。即便设备不能使用，也能有打印版的PPT作为参考。此外，演说者还应该将PPT多做备份，储存在多个地方，如存储器、网盘，甚至同事的计算机里。这样就算自己的PPT丢失了，还有备用文件。

麦克风也是非常容易出现故障的设备。如果麦克风故障，演说者需要和听众确认他们是否受到了干扰，有时候麦克风故障可能只会对演说者造成影响。如果听众受到了影响，可以向现场的技术人员求助。如果演说者在中型演说厅里演说，即使不用麦克风，听众也能听清。这时演说者可以舍弃麦克风，走到听众中间进行演说，等技术人员修好麦克风后再回到原来的位置。

当设备故障时，现场可能会比较尴尬。为了缓解尴尬气氛，演说者可以在技术人员修理设备时与听众进行互动。这样的互动环节可以用来打发时间，听众乐意参与，演说者也能从中得到一些有用信息。如果演说的时间很长，那么演说者可以趁技术人员维修设备的这段时间让听众休息一下。

设备只是优化演说效果的工具，演说者不应该为其耗费大量的时间和精力。在演说过程中，演说者不应该过于依赖设备，也不要对设备故障有太大的抱怨，因为听众可能会发现。即使听众发现了故障，演说者也可以大方指出故障，在设备维修期间与听众进行互动或直接放弃使用设备。

来到演说现场的听众，都是对演说者的身份与演说的相关内容有一定了解的。即便设备故障，也不会影响他们对于演说的态度。只要演说者稳定发挥，听众就不会选择离开。演说者需要在私下提升自身水平，在演说前进行多次演练，即便设备出现故障，也要灵活应对。此外，演说者可以准备一份不依赖设备的演说内容，这样即便现场的设备不能正常运行，演说者也可以顺利完成演说。

8.7 噪音干扰：找到干扰源，调试设备

噪音干扰是影响演说效果的因素之一，可能会导致现场效果

差，使演说无法更好呈现。演说者要想处理噪音干扰，首先要找到干扰源，才能够有的放矢地解决问题。下面介绍演说过程中常见的 3 种噪音来源及其解决办法，如图 8-3 所示，以便更好地帮助演说者完成演说。

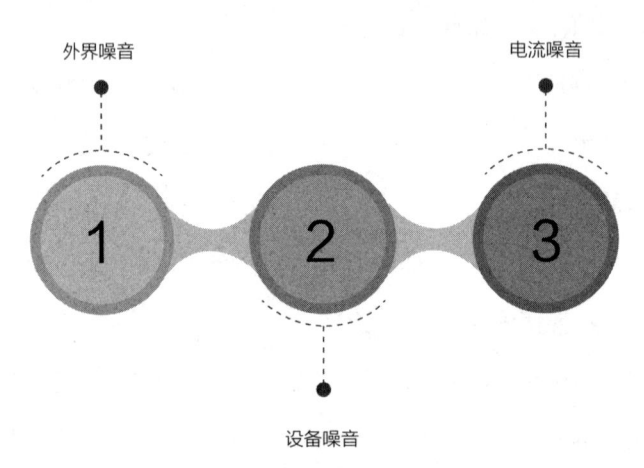

外界噪音　　　　　　　　　　　　电流噪音

1　　　2　　　3

设备噪音

图 8-3　演说过程中常见的 3 种噪音来源

1. 外界噪音

外界噪音种类很多，包括工地施工的声音、场外机动车的声音、鸟叫声等。这些声音都会影响现场的演说效果。为了减少外界噪音的影响，演说者可以选择隔音效果好的场地进行演说，更好地隔绝外界噪音。演说现场还可以进行吸声处理，将设备安装在角落并做好加固处理。

2. 设备噪音

设备有本底噪音，会在启动后发出滋滋的声音。但是只有靠近时人们才会听到这些噪音，因此其基本不会对演说产生很大影响。出现本底噪音主要有两个原因，一是设备的质量存在问题，二是调试工作没有做到位。

演说者可以依据原因逐步进行排查与分析。例如，演说者可以将设备打开逐个去听是否有噪音，如果打开某个设备时噪音突然变大，那么这个设备的质量可能存在问题，需要进行更换。如果很多设备都存在噪音，那么可能是调试工作不到位，需要技术人员重新进行调试。

3. 电流噪音

电流声是影响听众体验的一大因素。很多演说者都会在演说过程中遇见这些情况：计算机连接投影仪会出现嗡嗡的电流声，用插线板连接计算机后再放音乐会有滋滋的电流声，麦克风接通电源会发出嗡嗡的电流声，这些都会影响听众的体验。

演说现场的音频信号极易受到干扰，如果各个设备之间的传输距离过长，则可能会出现电流噪音。如果线路布置合理，电流噪音可以被控制在听众能接受的范围；如果线路布置不合理，电流噪音就会过大。演说者应该提前要求主办方检查线路布置情况，将强电线与弱电线分开，避免二者相互影响产生电流噪音。演说者也可以要求主办方配置噪音消除器，或者使用质量较好的麦克风、投影仪等设备，避免出现噪音。

声音失真也会影响听众的体验。声音失真指的是因设备出现问题而造成的设备发出的声音与正常人声有很大差别的情况。演说者在使用不同的麦克风或效果器时，声音失真程度也不同。

演说者需要使用一个质量稍好的麦克风，或者确保音箱及其他设备与计算机连接在独立插排上，以解决声音失真的问题。用正常的声音为听众演说可以让听众把注意力都集中在演说上，帮助演说者更好、更顺利地完成演说，赢得听众的认可和好感。

8.8 案例：在演说中巧妙化解口误

受外在条件（如场地、设备等）和内在因素（如紧张、准备不充分等）的影响，演说者在演说时很容易出现口误。有些演说者在出现口误时，不知所措，方寸大乱，导致整场演说的效果很差。

其实，在演说中出现口误无可厚非，只要演说者巧妙解决，甚至能取得意想不到的效果。以下是两个在口误后巧妙补救的案例，演说者可以从中学习一些技巧。

案例一：随机应变，化腐朽为神奇

在海南省狮子楼举行的京剧团成立庆典上，一位主持人在用激昂的语言介绍嘉宾时出现了口误。她没有事先了解每位嘉宾的性别，在介绍一位男性嘉宾南新燕时，称呼其为女士。

面对听众的惊呼，主持人知道自己的介绍出现了问题。但她没有慌乱，而是先真诚地向南新燕先生道歉，然后说出化腐朽为神奇的几句话："您的名字实在太有诗意了。我一看到这3个字，立即想起了这句古诗'旧时王谢堂前燕，飞入寻常百姓家'。这是多么美的一幅画啊！今天，这里出现了类似的情景，京剧一度是流行在北方的戏曲，而现在，京剧从北到南，跨过琼州海峡，飞到了海南，而且在这里安家落户，这又是一幅多么美好的图画啊！"

这位主持人的应变能力很强，本来是一次主持事故，她却在自己的失误中引出活动的主题，语言生动且具有诗意。她的巧妙补救收获了意想不到的效果，人们也就将她的失误淡忘了。

案例二：转换角度，以对改错

一家公司的总经理在开业庆典上发表演说，在强调纪律的重要性时，他说道："上班迟到、早退、闲逛、推诿、拖延、懈怠，都是违反公司纪律的行为。我们允许这些现象存在。"他停顿了一下继续说道，"就等于允许有人拆公司的台，我们能够这样做吗？"

他之所以中间停顿了一下，是因为他出现了口误，将纸稿上的"我们决不允许这些现象存在"读为"我们允许这些现象存在"。但是他的反应能力和应变能力是很强的，当他意识到自己没有按照纸稿上的说时，出现了口误后，他立刻遵循语言表达的逻辑，改变了后面的话，并以一个反问句结束这句话，有效增强了演说的启发性和警示性。

这位经理对于口误的补救可谓天衣无缝，只有他自己知道自己出现口误了，听众都没有察觉到。如果他没有迅速反应，还按照稿子上的内容念下去，那么恐怕就会出现真正的口误了。

人非圣贤，孰能无过。在演说中出现失误或遇到意外事件并不意味着演说就会失败，关键在于，在出现意外事件时，演说者要迅速反应，及时应对，尽可能地采取措施将意外事件的影响降到最低。否则，可能会影响演说的效果，降低演说的说服力。

> 话不能说太满，当你说『一定』的时候就已经错了。

第9章

攻破心防：
共情是说服的利器

我们每个人的生活经历都不同,所以在演说时,切忌武断地对别人的处境做判断,以及随意提出解决方案。相反,我们在演说时要时刻注重他人的感受,寻找突破口,攻破对方的心防,用共情使对方放下防备,表露更多内心的真实想法。

9.1 做造梦者，而非碎梦者

人是理性的还是感性的？传统的经济学家认为人是理性的，因为每个人都有逐利心理。然而事实上，人们在做出决策时，受非理性因素，如感受、感觉、感情等因素的影响更多。这就是为什么有些人会出现说的跟做的不一样的情况。

因此，我们要说服一个人，就要给对方提供一种能体会到的感受。例如，那些经典的广告，不管是卖牛奶还是卖汽车，都不会直接阐述产品的优势，它们会在广告中营造出一种现场感，让观众能体会到使用产品时的感受。所以，牛奶广告会请代言人在广告中品尝牛奶，而汽车广告则会展示出汽车在马路上飞驰的画面。

事实上，观众都知道牛奶可能并不像广告中说的一样好喝，也知道购买汽车后还需要面对一系列问题，如申领牌照、维护保养、驾驶故障等，但他们就是无法控制自己想要购买产品的冲动，甚至会在决策时忘记这些后续可能会产生的麻烦。

行为经济学家理查德·泰勒对此的观点是：人类的大脑是两个自我的联合体。其中一个是冲动者，另一个是计划者。计划者的任务是管理冲动者，但经常失败。这说明，人们对于感受的关注程度，远远超出了自己的想象。尽管"感觉"二字听起来虚无缥缈，但这才是人们真正想要的东西。

因此，想要成功说服他人，我们就要学会在演说的过程中为对方制造这种感觉，调动对方的情绪，让对方用感性思维来思考问题。

演说者可以在演说的开头调动听众的情绪。有位演说者做了一场关于母爱的演说，这场演说的开头如下。

"2020年的一天早上，××市发生了一起特大交通事故。一辆客车从极高的悬崖上坠落，全车三十余人不幸遇难。在救援人员实施救援的过程中，车里突然传出一阵婴儿的哭声——一个婴儿被妈妈紧紧抱在怀里，而妈妈却永远地离开了这个世界。救援人员用了很长时间才将妈妈的双臂打开，把婴儿抱了出来。母爱伟大的力量，使母亲在事故发生的第一时间抱紧孩子，用自己的生命为孩子建立了一道安全的屏障。"

这个新闻虽是一条负面信息，但作为演说的开头却很震撼，可以使听众产生情感共鸣，让听众自然而然地代入演说，比空谈"母爱非常神圣、伟大"的开头好得多。

总而言之，我们要说服一个人，就要尽量把焦点放在对方的感觉上，找到他们当下最想要的感觉，据此描述一个场景，让他受感情影响而被你说服。

9.2 为什么大家都喜欢幽默的人

在演说过程中，善于说服别人的人大多比较幽默。幽默的人更有亲切感，更受大家的欢迎。在很多场合，幽默的力量可以让双方的沟通更愉快、更融洽，使对方更愿意敞开心扉，真诚相待。即使是与不太熟悉的人聚会，幽默的人也能让气氛瞬间轻松起来，让彼此放松心情，不再紧张。

例如，在一次公司年会中，领导老李就用三句话说出了一个段子，让氛围变得轻松。

第一句话：我们公司很多女员工都羡慕我的助理张颖，觉得她有能力又待人亲和。

第二句话：你看这话说的。

第三句话：难道男员工不羡慕吗？

很多演说者都是用这样的方法让自己的演说变得更幽默的。段子可以拉近演说者与听众之间的距离，达到事半功倍的效果。演说者可以在演说过程中增加段子，刺激听众的情绪。这样不仅现场的氛围会更好，听众对演说的记忆和理解也会更深刻。

幽默感可以让演说中的双方产生一种强烈的伙伴感。如果一个人希望能提高自己的说服力，在演说中游刃有余，那么就应该让自己善于运用幽默感，多制造一些情感共鸣。最简单有效的方式就是让彼此因为同一件事情而发笑。

幽默还能显示自己的理解和包容，让对方感受到真诚和温情。具有幽默感的人常常能发现日常生活中轻松而美妙的事物，形成自己独有的处事风格和生活哲学。

此外，幽默要有尺度。演说者在演说时适当讲一些小笑话能缓和气氛，帮助听众放松精神，促使演说成功。但开玩笑千万不要过度，内容也不能涉及私密话题。如果演说者掌握不好幽默的分寸，会给听众留下轻浮、不可靠的印象。

演说者可以对某些情况进行调侃，但不要拿私密话题开低俗的玩笑。这样很可能引起听众的不满，使其认为演说者的道德水平很低，对演说者产生反感。此时的表情管理也是很重要的，演说者一定要在开玩笑时保持微笑，否则幽默很可能被误认为是讽刺。

演说者的微笑其实是在告诉听众，他此刻说的话是为了让大家高兴，还请大家不要当真。有时候虽然板着脸开玩笑能造成反差效果、制造笑料，但大部分时候会让听众难以理解，甚至连本来很有趣、很有意思的玩笑，也变成了具有讽刺意味的话，反而破坏了演说者在听众心中的形象。

为演说增加幽默感的目的是让演说更成功，演说者要时刻牢记这一点。有些演说者相当幽默，开玩笑的手法也十分高明，但是一开起玩笑来，就将听众的思路越拉越远，最后模糊了演说的主题。

对此，演说者一定要注意，即使使用幽默的演说技巧与听众开玩笑，也要始终围绕着演说的主题，以此控制听众的联想范围，让他们围绕着演说主题发散思维。

9.3 话中设置悬念，引起对方好奇心

人人都有好奇心，有时我们可以利用别人的好奇心来说服对方。

好奇心是心理学上的一个概念，它是指人们对新奇的、自己不了解的事物产生的一种主动了解的心理倾向。当我们给某人提供一个可供了解的新事物，而对方又恰好对这个事物感兴趣时，他就会产生好奇心。

如果我们成功引起了他人的好奇心，他们就会更愿意听我们演说，试图从我们的话中得到有用的信息来满足自己的好奇心。他们的好奇心得到满足之时，就是他们潜移默化地接收了我们所说的信息之时，此时他们更容易被说服。

而要引起别人的好奇心，最常用的方法就是设置悬念。

设置悬念的应用非常广泛，多见于文学、影视、演说等艺术形式中。通俗地讲，设置悬念就是为了激发听众的好奇心并吸引听众。网络上众多的"标题党"，利用的就是人们的这种心理。

在直播销售讲解中，我们也可以用设置悬念的办法引起对方的好奇心。

例如，一位主播在推销一款针对女性开发的美图拍照手机时，展示了手机的拍照、美图等重点功能，利用手机惊人的像素和强大的美图功能成功吸引了消费者的关注。继而该主播关掉了直播间的灯，在黑暗中又自拍了一张，展现这款手机在黑暗环境中人像捕捉能力的强大。很多消费者都惊奇于这款手机在黑暗中拍摄的功能，纷纷让主播换个场景再拍照试试。

这时主播就觉察到已经有部分喜爱拍照的消费者对该手机产生了购买欲望，于是讲到："其实这款手机还有一个让人惊喜的拍照功能，在这里我就不展示了，留给大家自己发现！发现的朋友可以在收货后私聊我，还有小礼物赠送哦！"主播以设置悬念的方式及时停止了对产品的展示，极大地刺激了消费者的购物热情。

设置悬念的关键在于隐藏重要信息，同时用其他部分引发人们对关键部分的好奇和猜测。主播适时停止对产品的介绍，能够让更多的消费者在购物热情最高涨的时刻购买产品，这对于直播间销量的提高是十分有帮助的。

需要注意的是，不是所有的悬念都需要用问句引出。只要能够抓住人们好奇的关键点，用一句普通的陈述也能设置悬念。比如在演说时和听众说："我今天遇到了一件特别奇葩的事。"听众就会好奇是什么事及这件事有多奇葩。利用好这种方法，就可以很容易地让对方听我们说话。

9.4 长话短说，击碎理解屏障

我们在生活中可能会遇到这种情况：在公司开会时，领导站在台上滔滔不绝，结果说得越多，越偏离会议主题，导致最后什么问题也没解决。这说明了一件事：在日常演说中，并不是演说时间越久演说效果就越好。

在电话礼仪中，有一条很重要的"三分钟法则"。意思就是在打电话的时候，主动打电话的人要把通话时间控制在三分钟以内。之所以如此，一是为了尽量少占用别人的时间，二是因为人的注意力是有限的，话说得太多很容易让对方失去兴趣。

山本昭生在《换位沟通》中写道："大多数情况下，讲话者感兴趣的、关心的事情与听话者感兴趣的、关心的事情并不一样。即使听话者对讲话者的发言很感兴趣，他们也只能听进去开头的部分，很快他们就会对讲话者的发言失去兴趣。"

我们在演说的时候，要多站在对方的角度考虑问题，评估对方理解信息的程度。人们对信息的理解程度与信息量成反比，在山本昭生看来，这是因为"大脑的容量有限，简短的话不会让听话者的大脑产生负担，更便于大脑有效地展开记忆"。因此山本昭生认为，谈话最初的十秒钟是决定一切的关键。长话短说，就是要求人们说话要言简意赅。

那么怎样才能做到在演说时言简意赅呢？

首先要对自己所讲的事情有全面的了解和充足的准备。小沈原本是个不太擅长当众讲话的人，每次的发言都有些混乱。一次公司交给她一个现场演说的任务，小沈准备了半个月，把要讲的内容熟记在脑子里。经过长时间的记忆和理解，演说的内容在小沈脑中逐渐变得条理清晰。所以在大会上，小沈出色地完成了演说。

其次要有意识地筛选演说的内容。演说者要想在比较短的时间内做好演说，并将所有PPT都展示给听众，那就需要提前对内容进行梳理、筛选。作家理查德·巴赫曾说："伟大的创作取决于所删文字的力量！"演说同样如此，演说者成功的秘诀就在于内容的精炼。

很多演说者在演说过程中可能都说过这样的话："这部分内容不太重要，我就一带而过了。"确实，本来演说的时间就比较短，如果演说者还要用一部分时间介绍不重要的内容，那么势必会影响演说的效果和听众的体验。而且，如果演说者讲了太多无效内容，就意味着演说缺乏逻辑，没有条理，听众也会听得云里雾里，不会对演说有好印象。

演说者要想解决这个问题，不妨在演说开始前设计一份内容大纲，用思维导图的方式把演说内容分成几个部分，通过提炼关键词的方法把主要模块梳理清楚。这样就相当于把演说分为几个环节，演说者只需要为每个环节安排好合理的时间即可。

最后要多锻炼自己的逻辑思维能力。同样的信息，逻辑思维能力强的人和逻辑思维能力弱的人讲出来的效果是不同的。前者讲出来的话更容易让人理解，人们也更愿意听。想锻炼逻辑思维能力，平时说话时我们可以有意识地要求自己做到如下几点：说话的中心思想统一且明确；说话避免前后矛盾；说话有顺序、有条理；说话有理有据。

9.5 "自黑"其实是聪明的做法

在生活中可能每个人都会遇到在公众场合说错话或者做了不妥当的事情的情况，有些人在遇到这种情况时不知所措，十分慌乱，容易给人留下不够专业的印象；有的人则镇定自若，能够完美解决意外事故，给人留下能力优异的印象。

每个人都会出现失误，对于意外情况，我们不能胡思乱想，而是要做到不受影响，厘清思路，将失误的影响降到最小。对此，最好的方法就是主动"自黑"，即自己调侃自己的错误，用相视一笑化解尴尬时刻。

有时候"自黑"也是一种博得听众喜爱的方法。大多数听众都喜欢有亲切感的人，而不喜欢高高在上的人。尤其是在当今互联网时代，那些脱离群众的人，往往会被群众吐槽。同理，演说者如果把自己的姿态放低，就会被很多听众喜欢。

"自黑"是幽默的最高境界，成功的演说者会在合理的范围内拿自己开玩笑，以拉近自己与听众的距离，调动现场的氛围，让气氛更加热烈。

如果大家经常看演说视频，就会发现演说者十分擅长"自黑"。"自黑"的素材一般源于演说者在生活中遇到的一些尴尬事，如被妻子吐槽、工作时出现小状况等。演说者对这些事略加包装，再配上比较夸张的表演，就可以获得一个非常不错的"自黑"段子。

某公司的小李是一个善于"自黑"的领导。小李工作能力强，人也十分好相处，但身高不太高。但他并不介意别人提起这件事，反而利用自己的短板，化劣势为优势。例如，某天他为新来的员工进行培训讲座。讲座上，他在准备写板书时却发现黑板过高，他根本够不到。无奈之下他只好收起粉笔，对大家说："我也没想到黑板会这么高，我应该带个小板凳过来的。不过，公司之所以让我来开讲座，就是因为我在任何场合都不会挡住公司的logo。说起公司的logo，那可是历史悠久……"随后，他便很自然地为大家讲起了公司的历史。

小李用自嘲的方法既化解了尴尬，又让大家在哄笑过后能集中精神听他讲公司的发展史，拉近了他与新员工的关系，在大家心中树立了一个幽默风趣、平易近人的形象，可谓十分高明。新员工在正式入职之后，在工作上也能和小李磨合得更好。

"自黑"是暴露缺点的行为，也是谦虚的行为。敢于"自黑"的演说者通常善于在生活中寻找快乐，能够正视自己的缺点和不足。这样的演说者反而会给听众留下坦诚、真实的印象，让他们多生出几分亲近感。

在公司的一次会议上，小王上台为大家讲解他的方案。但是刚到台上，他就发现有几名同事在偷偷地笑。小王顺着他们的目光，发现自己的裤链没有拉好。他嘿嘿一笑，说道："我今天实在是太笨了，连这种小事都做不好。不过，我的方案是在我聪明时做出来的，大家可以放心。"说完，他便转过去把裤链拉好，没有表现出一丝尴尬。

会后，大家认为小王的方案确实不错，而他上台没拉裤链的这个小插曲也丝毫没有影响大家对这个方案的认可度。而且，因为小王表现出来的平易近人和风趣幽默，一些往日和他交往不多的同事也开始主动找他聊天，他在公司的人缘也更好了。

再如，在直播的过程中，主播常常可能会因为一些意外状况而产生一些小失误，这时消费者可能会发表一些负面的评论。一些主播在面对负面评论时，可能会与消费者发生争吵或者干脆下播，这种应对方式会对主播造成不良的影响，更不利于主播亲和力的打造。

主播应该如何化解负面评价？适当"自黑"可以"化负为正"。

某主播在为消费者推荐零食时，会在直播间中试吃。许多消费者都十分喜欢观看主播试吃零食，纷纷表示主播"真实不做作"，但在其试吃零食的过程中，也会有一些消费者在直播间发布"主播吃东西好丑啊""主播能优雅一点吗"等评论，并发布了许多恶搞主播的表情包。

对于消费者的这些负面评价，主播并没有气恼，他在直播间里称赞了这些消费者的创意，并表示自己一定在接下来的直播中为大家提供更多的表情包素材。甚至，该主播还自制了许多自己的有意思的表情包供消费者使用。

对于一些消费者的恶意评价和恶搞，该主播并没有恼怒，反而通过"自黑"的方式为消费者带去了欢乐，同时也让消费者感受到了主播的智慧和情商。主播恰到好处的"自黑"帮他获得了更多消费者的好评。

"自黑"的演说者很少会受到别人的取笑，因为只有自信的人才会正大光明地"自黑"，而那些小心翼翼把缺点藏起来的人通常是缺少自信的人。在现实生活中，心胸宽广、有自信的演说者能让听众感到轻松，让听众觉得可以和演说者聊任何话题，且演说者不需要担心听众可能会不快，这样就会更容易得到听众的亲近。一个轻松愉快的演说氛围是拉近演说者与听众距离的基础，彼此之间无所顾忌，也就更容易接受对方的观点。

在演说中，"自黑"的风险比较低，放下身段"自黑"能让演说者获得听众的支持和认同，让听众觉得演说者亲切、可爱。但需要注意的是，"自黑"有时也会引起听众的反感。例如，一个身材匀称的人当着一个更胖的人自嘲身材肥胖，对方只会觉得你在讽刺他，又怎么能笑得出来呢？可见演说者"自黑"也要看听众，演说者"自黑"的目的是适当赋予听众优越感，和他们拉近距离，为自己塑造一个接地气、幽默的良好形象，而不是不经思考地开玩笑，惹恼听众。

9.6 认真倾听对方的需要和意见

古希腊有一句谚语："聪明的人，根据经验说话；而更聪明的人，根据经验不说话。"真正有智慧的人，常常把精力用于倾听。因为他们知道，在大多数情况下，听对方说远比让对方听自己说更有意义。

很多时候，我们没必要把自己的说服力表现在语言上。我们可以选择认真倾听对方的需要和意见，表现出对他的认同，从而一语定乾坤，让问题得到解决。在沟通交流中，每个人都需要被认同，渴望被认同就像渴望被称赞一样，是人的基本精神需求，毕竟没有人希望自己被反对、排斥。

认真倾听是表现认同感的最佳途径。当我们认真倾听时，对方会产生被尊重、被认同的感觉，从而情感需求得到满足，与我们之间的情感距离也会大大缩短。而我们通过倾听也能发现对方的真实需求与想法，从而找到说服对方的突破口。

例如，许多淘宝主播都十分重视消费者的反馈，有的主播还会为消费者举办粉丝节活动，倾听消费者的声音，了解消费者的需求。在粉丝节上，主播可以与消费者进行亲密的互动，并准备伴手礼与福利送给消费者。通过活动，主播能充分了解消费者的需求，拉近与消费者的关系。

与谈论对方喜欢的话题相比，人们更希望谈论自己喜欢的话题。所以，我们如果想要说服对方，可以先把表达机会让给他，让他尽情地聊自己喜欢的话题，以此拉近与对方的距离，同时从中了解对方的真实想法和需求。

9.7 使用正面、热情、通俗的语言

某公司市场部门有两个团队，两个团队由不同的领导带领。这两个团队的工作内容相差无几，工作能力也差不多。按理说两个团队的业绩应该相差不大，可在年底测评时，一个团队的业绩几乎是

另一个团队的两倍。

后来经过了解人们才知道，两个团队最大的不同在于：业绩好的团队，团队领导经常使用积极的、正面的语言与员工沟通，团队内部氛围融洽，办起事来动力十足；而另一组业绩比较差的团队，由于领导在平时的工作沟通中经常使用负面的语言，导致团队内部气氛压抑，员工做起工作来萎靡不振，自然比不过另一个团队。

在工作中，使用正面语言比例较高的团队往往会取得更好的业绩，这是因为人与人之间存在着皮格马利翁效应。

皮格马利翁效应是由心理学家罗森塔尔和雅格布森经过实验总结提出的。他们在一所学校里进行了一项"未来发展潜力"测验，随后选出了几位"最具发展潜力"的学生并叮嘱老师要保密。但所有人都不知道的是，这几位"最具发展潜力"的学生只不过是他们随机挑选出来的，并没有什么特别之处。然而几个月后，那几名随机挑选出来的"最具发展潜力"学生，竟然真的都有了极大的进步。

这个实验说明了人的行为和观念会不同程度地受到别人暗示的影响。罗森塔尔的"最具发展潜力"学生名单影响了老师的判断，老师在日常行为中会不自觉地表露自己的情感倾向，而这些情感倾向最终会影响到学生的行为。如果你充满信心地期待事情会顺利进行，那么事情一定会顺利进行；相反，如果你相信事情会受到阻碍，那么阻碍就会产生。这就是皮格马利翁效应。

许多演说家在演说前也会使用积极正面的语言暗示自己：我很放松，我一定可以的，我很自信……演说者要对自己和自己的演说充满自信，更要在精神上鼓励自己去取得成功。演说者可以用以下积极、正面的文字反复暗示、刺激自己。

"我的演说对听众来说具有极大价值，听众听了一定会非常喜欢""我非常熟悉这类演说题材，我一定会成功，听众一定会支持我""我已准备得非常充分了，到了正式演说时一定不会紧张""我很棒，一定可以顺利完成演说"，等等。

演说者在每次演说前要暗示自己，告诉自己演说会很成功，自己的演说会被听众认可，同时，也可以想象演说结束后听众掌声雷动、热血沸腾的场面。这些方法对于演说者来说很有效，可以很好地消除紧张感。

语言的力量是强大的，积极心理治疗师维吉尼亚·萨提亚说："希望是改变的重要组成部分。与其与黑暗作斗争，不如为它增加一些光明。"我们在演说中要多使用正面的、积极的、热情的语言，因为语言会影响人的情绪，而情绪会影响人的行为。如果你长时间地给别人传递负面的情感倾向，那么对方很有可能会不愿再听你讲话。

除此之外，我们在演说的时候，用词也要尽量通俗易懂。乔布斯在介绍苹果的产品时，用词就非常直白。他在介绍个人计算机时，把计算机比作"21世纪人类的自行车"来佐证计算机是人们能想到的最出色的工具。在接受《华尔街日报》采访的时候，说到苹果最受喜爱的应用程序之一的 iTunes 时，乔布斯又形容它为"给一个在炼狱中饱受煎熬的人递上一杯冰"。

厉害的人擅长用浅显易懂的语言传递高深的道理。在演说的时候，我们不仅要根据自己的水平进行发言，也要考虑到对方的知识储备，只有让对方听懂并理解了，语言才完成了它的任务，演说才算达到了目的。

9.8 案例：演说者如何"hold"住全场

电影《中国合伙人》中有一个片段：孟晓骏从美国学成归来后参加学员见面会，本想借这个机会向其他人分享自己的人生经验，然而由于欠缺演说能力，上台之后的他一句话也说不出来，最后只能尴尬收场。而一直不被人看好的成冬青却靠着演说俘获人心，最终成为团队的领导者。

这个情节向我们传递了一个信息：在日常生活和工作中，演说能力很重要，它甚至可以左右一个人的事业走向。一个优秀的管理者，必定是会演说的人。

生活中经常有需要演说的场合，在这种时候，演说者要怎么掌控全场，使自己的演说发挥出最好的效果呢？

首先，我们在演说的过程中应该保持饱满的热情。我们在作为听众的时候通常可以很轻易地分辨出一场演说的好坏，这是根据我们的情绪变化判断的。一场好的演说，听众在参与的时候情绪会跟随演说者一起变化；而一场失败的演说，听众则感受不到一点情绪的变化。人的情绪是可以互相感染的，听众感受不到情绪的变化是因为演说者没有在演说里灌注感情。

卡迈恩·加洛在《像TED一样演讲》中写道："人不是因为成功而幸福，而是因为幸福而成功。你对自己能力的自信程度和对演说话题的热情程度，直接影响你的传播效果。"在演说中，只有7%的信息是靠语言传播的，其他因素诸如动作、手势、面部表情、声调音量等在信息传播中占有很大比重。而一个人的热情程度则会影响这些因素，从而间接影响演说的效果。

其次，我们在演说的过程中要运用一些技巧来增强演说效果。在演说中，一个好的开头和结尾非常重要。比尔·盖茨在一场演说的开头说疟疾是由蚊子传播的，而这并不是穷人的专利。紧接着他拿出了一个盒子，声称盒子里有几只蚊子，然后在现场打开了它。这个令人印象深刻的开场使在场听众对这场演说多年不忘。

这就是一个好的开场的重要性。它不仅可以勾起观众的兴趣，还可以引发观众的共鸣，调动观众的情绪和现场的气氛，给他们留下深刻的印象。

一家羽绒服公司的负责人在给现场观众介绍公司的产品时，没有像其他公司那样仅对自己的产品进行简单的介绍，而是直接把羽绒服带到了现场，以展示羽绒服的实物作为开场。负责人在观众面前对羽绒服内的填充物进行了充分展示，并将填充用的高级白鸭绒分给现场的观众请他们亲自体验。结果可想而知，这家以羽绒服实物展示作为演说开场的公司获得了最好的反响。

除了开场，演说的结尾也一样重要。"编筐编篓，重在收口；制锣制镲，最后一锤"，一场演说的效果也会被它的结尾所影响。一个漂亮的结尾，会给听众留下深刻的印象。好的结尾通常包含对演说内容的总结，如果在此基础上增加一点号召力或给人一些启迪，那么这个演说就会获得更好的效果。

有时，幽默的语言可以让我们的演说变得更生动，增强演说的感染力。俞敏洪是在演说中用幽默手法阐述道理的高手。在演讲《摆脱恐惧》中，俞敏洪就用自嘲式幽默告诉听众，想要做出成绩，首先要摆脱自卑。俞敏洪用自己的经历制造了笑点的同时，也让听众对这个主题有了更深刻的理解。

理解对方的不易,能够在很大程度上获得对方的好感,降低说服的难度。

第10章

说服原则：
掌握科学方法，让说服更轻松

说服的本质是有效表达自身观点，并让其他人认同你的观点。说服的过程往往比较艰难，需要耗费一定的时间和精力。为提高说服工作的效率，更好地解决问题，我们需要掌握一些说服原则，包括好感原则、稀缺原则、从众原则等。这些原则可以提高说服的成功率，帮助我们赢得对方的心。

10.1 好感原则：成为对方的灵魂伴侣

好感原则指的是当我们先入为主地认为某人具有一种或多种良好的品质时，那么我们会在各方面都更看好他，更容易给予他信任。

若人们对一个人是有好感的，那么在后续相处中人们会更倾向于发掘对方美好的品质，更愿意与其接触。

几乎所有人都听过且赞同"每个人都是独一无二的"这句话。细想一下，这个"独一无二"体现在什么地方？每个人独一无二的方面难以计数，每个人的经历和回忆也都无法复制。没有无缺点的人，也没有无优点的人。也正是由于每个人都有过人之处，在做说服工作时，将对方的过人之处作为切入点通常会取得不错的效果。

小杨是某公司的项目经理。最近他接到上级派来的任务，要和客户谈一个合作项目，而这名客户据说脾气非常古怪。小杨的同事提醒他要谨慎对待这个任务，说那个客户很可能因为个人原因选择不合作。但两周之后，同事却看到小杨一脸兴奋地拿着合同回来了。同事感到惊喜又意外，连忙询问小杨究竟是如何说服客户，拿下这个项目的。

原来小杨把客户的爱好和其个人成就都大致地研究了一遍，选出几个自己感兴趣的点做了深入了解和思考,列了几个有深度的问题。在联系客户时,小杨直接以发问的方式开始向客户请教问题。客户认为他提的问题不错,就邀他见面详聊。

见面以后,两人相谈甚欢。小杨表示如果双方就此项目展开合作,两方公司的收入都会大幅提升,客户也可以有更多收入去支持爱好。客户听完,说自己可以考虑,他为可以和小杨合作而感到高兴。当天晚上,客户还执意请小杨吃饭。

选择对方的过人之处作为切入点,会让对方更容易提起兴趣,更容易被说服。一个人有可能因为对方提他的短处而不高兴,但没有人会因为对方提他的长处而不高兴。大多数人都喜欢在自己擅长的方面多聊一点。

出现这种现象的原因有两个:一是一个人擅长的方面通常也是其喜爱的方面;二是人都是喜欢被重视的。与对方交谈时,提到对方的过人之处,会让对方产生被重视的感觉,而且这也是最自然的表示重视的方法。下面看一个例子。

小娟是某公司的项目经理,高总是她的客户。小娟有一个项目想要和高总合作,但二人之前并无太多联系。有一次,小娟在楼下买咖啡,正好看见高总在不远处,于是她立刻追上去打招呼。一番寒暄之后,小娟用羡慕的眼神看着高总,说道:"高总,您皮肤这么好,您是怎么保养的,有什么秘诀吗?"

高总笑着说:"是我运气好,遗传了我父母的好基因。像皮肤、身材、发质等，都和基因有很大关系。我因为基因好，不用保养皮肤就这么好。"

小娟做恍然大悟状，倾诉了一番自己保养皮肤的"惨痛经历"，惹得高总咯咯直笑。这时，高总已经有一些小小的得意和愉悦。一路上两人又聊了很多其他方面的话题。高总沉浸在愉快的聊天氛围中，渐渐地对小娟敞开了心扉。

借助这番操作，小娟成功地博得了高总的好感，项目也顺利地谈了下来。后来，小娟才听其他同事说高总是一个很难被说服的人。可即使是高总这种难以被说服的人，在小娟真诚地赞美其过人之处时，也会露出微笑，耐心聊天。

在直播销讲中，博得消费者的好感也能够提升主播的销售转化率。小王是一名带货主播，但性格十分内向，直播时也很拘谨，无法与消费者进行有效沟通，这导致小王的直播间比较冷清，销量也十分惨淡。

为了更好地推销产品，小王请教了其他经验丰富的主播。这位主播十分尽责，时常与小王一起练习直播话术，还传授了她许多与消费者的沟通技巧，并告诉小王可以从共同话题入手与消费者进行交流。

在这位主播的帮助下，小王每次都会提前准备一些热点话题。渐渐地，小王变得越来越活泼，直播间也变得越来越活跃。很快，小王直播间的消费者多了起来，直播间的销售额也稳步提升。

共同话题的讨论不仅能够拉近主播与消费者的距离，展现主播的亲和力，同时也能够提高消费者黏性。此外，主播亲和力的展示能够让消费者更加信任主播，更愿意购买主播所推销的产品，这对于提高直播间的销售额而言是十分有利的。

综上，将对方的喜好作为切入点，易于提升对方的情绪投入度，获得其好感，最终提高说服对方的成功率。

10.2 稀缺原则：营造强烈的紧迫感

俗语云：物以稀为贵。当人们感觉某个东西比较稀缺时，就会有一种害怕得不到的紧迫感。很多商家在推销商品时，都会利用这样的心理做限量发售活动，向人们传递"再不买就没有了"的信息。商人砸珍宝的故事就很好地印证了这个心理。

从前，有一位商人拿着三件稀世珍宝到一个大型的拍卖会上出售，一共开价两千万美元。第一次出价没人回应，这个商人当机立断，打碎了其中一件，人们在惊讶之余都感到很痛惜；第二次出价还是没人回应，商人又打碎了其中一件，众人大惊，情绪波动十分强烈；到了第三次出价，就只剩下一件珍宝了，商人仍然开价两千万美元，于是台下众人开始疯抢。

我们可以利用这种稀缺心理来增加说服他人的概率。像钻石品牌戴比尔斯，就是利用这种稀缺心理来做宣传的。

戴比尔斯的广告中描绘了钻石开采、打磨的过程，向观众传达了一颗完美的钻石要经过多少流程才能呈现在人们眼前，告诉人们钻石的稀缺程度。戴比尔斯将钻石坚硬的特质与爱情联系在一起，将钻石作为爱情的象征。而钻石昂贵、稀缺的特性满足了人们追求独一无二、认为爱情至上的心理。

此外，各钻石公司还向消费者传递钻石原石越来越少、开采难度越来越大的信息，因此哪怕价格昂贵，人们也会选择购买钻石。

戴比尔斯巧妙地运用了心理加压手段，从情感的角度出发，暗示消费者如果不购买钻石产品将是爱情的遗憾。这样就更容易使消费者下定决心购买。

再如，很多直播间经常会运用稀缺原则进行限定促销。主播告知消费者"商品只剩最后100件了，预购从速"此类的消息，让消费者打消顾虑，从而实现商品的销售。

这种方法是有一定的科学道理的。如果人们所做的事情被规定了最后期限，那么人们就会感到一种压力，促使其迅速采取行动来将它完成；如果所做的事情没有最后期限的要求，那么人们很可能会一再拖延。

消费者在购买商品时也是一样的心理，如果主播告知消费者商品的销售已经到了最后的期限，那么消费者会很快从犹豫转向购买。这样一来，主播与消费者的交易就能够更快达成。

许多主播都会使用这一方法来促使消费者消除顾虑,尽快下单。在开展限量促销活动时,主播应着重讲出商品的稀缺性和商品的价值,激发消费者的购物热情。

在实际的销售过程中,当消费者产生"买还是不买"的想法时,主播就要抓住机会,使用一定的语言技巧来实现订单的转化,如对消费者说:"我觉得您现在买是最划算的,我们店里的促销活动明天就要结束了,而且现货只有最后100件了,再不下单就没了。如果您错过了这次机会,就需要再等1个月才能有货。"大部分的消费者听到主播这样说时,他们都会立即采取行动购买商品。

限量促销体现了心理学中的稀缺效应,这一效应指人们对世界上稀缺的事物普遍怀有强烈的拥有欲望,东西越稀缺,自己想要获得的欲望就越强烈。所以,当消费者在购买商品时,他们就会被稀缺的商品或服务激起强烈的购买欲。所以,在进行商品促销时,主播可以打出"限量特价"的口号来吸引消费者,营造一种"商品稀缺"的现象,刺激消费者购买商品。

10.3 反向原则:激将法的完美应用

激将法是指利用他人的自尊心与逆反心理,用反向语言调动其不服输的情绪,将其潜能发挥出来。它是我们为达到说服目的常用的一种手段。比如,"您是不是需要征求妻子的同意""您是不是无法代表公司做这个决定"等。这些话能够激起对方的好胜心,使他们迅速做出决定,提高说服概率。下面结合一个具体案例来看。

小林在与客户进行谈判的过程中,就常常使用激将法来对犹豫不决的客户进行说服。

小林大学毕业后自己开了一家广告代理公司。他与一家烟草公司的经理就代理合作项目展开了联系,并约定第二天见面。随后小林带着自己的方案前去拜访,但烟草公司的经理听完小林的方案之后,并没有表现出合作意愿,反而表现出诸多犹豫。

于是小林换了一种方式向经理介绍方案,小林说:"我这个月拜访了很多客户,其中有很多是您这样年轻有为的男士,他们都非常有眼光,在我向他们介绍这种比较先进的方案之后,他们都表示了肯定。"

经理听了小林的话,合作意愿依旧不强。经理对小林说:"你说得都对,但是我还要考虑一下,等过段时间我们再联系吧。"

小林对经理说道:"我相信您对您的公司非常热爱,但是我想您是不是没有将它的发展放在首位呢?如果是,为什么不为它的发展毫不犹豫地选择一份出色的广告方案呢?这样公司的发展就有了保证了。现在您还在犹豫是否选择我们的广告方案,难道是因为您对公司的热爱并不深吗?还是因为您在公司没有足够的权利决定广告方案的选择,需要征求上级的同意呢?"

这个案例中提到的经理属于非常看重自己的面子的那类人，对自己在公司的权威有着很深的执着。但小林的说辞明显使经理感觉自己的权威受到了挑战，所以，为了证明自己的权威，经理马上就决定选择小林的广告方案。

这就是激将法的作用。我们在说服另一方时，一旦对其权威进行了挑战，就会在很大程度上激发其好胜心，这时，另一方就会将理性思维暂时抛之脑后，用立即同意的行为来证明自己的权威。

所以，我们要掌握被说服方的这一心理并在说服过程中合理运用，在恰当的时机激发其好胜心，从而提高说服他人的概率。

使用反向原则刺激被说服方与三种心理有关，下面我们来看一下这三种心理及应对的办法。

首先是自尊心。部分被说服方在交谈时会表现出强烈的自尊心，他们需要在交谈过程中获得尊重，这样他们才能从中获得安全感。故而应对这类被说服方时，我们只需分析其心理，略微地挑战其自尊心，就能让对方被说服。

以前面的故事为例，小林对经理在公司的地位做了挑战，结果经理为了维护自己的自尊心，立马痛快地采用了小林的广告方案，这就是反向原则中关于被说服方自尊心强的应对方式。

其次是攀比心理。攀比心理在说服过程中也极为常见，我们如果能够利用好被说服方之间的攀比心理，就能够有效地激发其好胜心，达成说服目的。

举例来讲，如果我们去 A、B 两家工厂谈合作，就可以对 A 工厂的负责人这样说："我们的项目利润非常高，虽然投入资金多，但收益绝对有保障。B 工厂的负责人早早就有了合作意向，难道您家的经济实力还不如它吗？我观察了你们两家企业，发现您家的综合实力绝对领先 B 工厂，您总不能在这方面输给 B 工厂吧？"

同理，对于 B 工厂，我们也可以这样说。如此利用两家竞争企业的攀比心理，将项目顺利地宣传出去，达到我们的目的。

最后是逆反心理。关于被说服方的逆反心理，我们可以使用一种积极的刺激手段，激发其不服输的心理，使其发挥潜力，从而使我们成功达到说服对方的目的。

通常，实力强的被说服方不会允许我们质疑他们的权威。如果我们能够委婉地表示对对方权威的怀疑，对方就会立刻采取行动来证明自己。其中，最直接的方法就是迅速做出决策，达成合作，从而证明自己的权威。这时，我们就完成了说服目标。

以上就是反向原则中最常用的三种心理。我们如果能够将这三种心理研究透彻，在恰当的时间向被说服方施用，就能够在很大程度上达成说服的目的。

但在说服过程中我们一定要注意反向原则使用的时机和场合，因为这种方法很容易让被说服方产生心理上的不适，对其造成压力，这时，被说服方就会以逃避的姿态结束对话。

10.4 一致性原则：说什么就做什么

有这样一张图片，整张图几乎是空白的，只有左上角有一个小黑点。如果用一两个词语描述这幅图，我们可以怎样说？

最常见的答案可能是：一个黑点。但根据统计，在看过这幅图的人当中，写这个答案的只有33%。第二个常见的答案是：一个黑色的圆圈，写这个答案的人占到18%。其他的答案则五花八门，包括空白、左上角、靶子、目标等。

为什么一幅简单的图会让人产生千奇百怪的联想呢？因为每个人都是独立的个体，其兴趣点、价值观及情感构成都有别于他人。因此个人体验和观察到的信息也不相同。在通常情况下，我们会根据自己的经验和体验，忽视或剔除部分不符合要求的信息。这在说服过程中表现为有选择地输出有利于支持自己观点的论据。

这就意味着，缩小双方在认识和看法上的差距，很大程度上能够提高说服率。在这方面最有效的方法是，让对方觉得我们与其有很多一致之处。举例来说，如果对方说到"A项目潜力大"，那么之后在我们提到"A项目有很大的发展潜力"时，对方就会感觉我们与其看法相似，对我们的好感也会有所提升。

在说服的过程中，如何调整话题与表达方式是复杂而微妙的事情。不过，使彼此的精神交集逐渐增加是不变的目的。例如，在项目潜力的话题上，双方已经不想再聊，那么就必须及时调整话题。

　　轻松愉快的环境容易增加对方对我们的好感，进而提高我们说服对方的概率。如果对方与我们性格相似，爱好相近，那么双方就会较为容易地拥有轻松愉快的沟通氛围。但有的人与我们差别较大，甚至在有些方面与我们是矛盾的，如果我们想获得这些人的好感并说服他们，应该怎么做呢？

　　很多时候，我们可以提高自己与对方的相似度来增加对方对我们的好感。例如，对方对某个话题的态度发生改变——变得兴奋、激昂，这时我们也可以把自己调整为兴奋、激昂的状态，这样对方会更认同我们。反之，如果对方沉默，那么我们也可以把自己调整为这种状态，然后想办法换一个对方可能感兴趣的话题。

　　小山是某机械厂的业务经理。有一次，他去说服某汽车公司的采购经理进行合作。两人在办公室见面之后，小山为对方做了基本的产品介绍。对方虽然没有表现出太大的兴趣，但也在认真听小山介绍产品，没有表现出不耐烦。

　　这位采购经理在了解完产品之后，主动与小山聊了聊国内机械行业的发展情况。小山没想到对方对这方面感兴趣，于是把国内的现状和自己的理解都说了出来。但是在聊的过程中，他发现对方的兴致并不高，似乎不想聊这方面的话题。

　　小山思索一番，明白了刚才对方只是礼貌性地提了提机械行业的话题，其实对这方面并不感兴趣。于是，小山将话题从机械行业的发展转到国产汽车的发展上，问道："刘先生，咱们国产汽车的发展越来越快，连欧洲国家都开始进口我国的汽车，您看我国的汽车有没有希望超过日韩，成为亚洲第一呢？"

小山知道自己的这种问法很不专业，但觉得对方可能会有兴趣解答这个问题。果然，这位采购经理从专业的角度让小山彻底明白了这个问题，而且还很高兴地与小山做了进一步交流，双方在产品采购的问题上达成了一致。两天后，小山就获得了这家公司的订单。

如果小山一直围绕机械行业的话题聊，那么最后双方就会以无话可说收场。虽然这个话题是对方引出来的，但对方的本意并不在此，也许对方对小山的产品有些兴趣，但不愿主动表现出这种想法。小山把话题转移到对方感兴趣的方面，即使自己的见解不够专业，但对方的兴致也被成功地调动起来了，在这种轻松愉快的交流环境中，就很有希望说服对方签单。

当我们想说服对方时，需要让自己保持在一个"调整"的状态中。在话题、态度、情绪、表达等方面都是可以调整的。只要不让对方觉得刻意，我们就可以通过调整这些方面来达到获得对方好感并说服对方的目的。

10.5 从众原则：用大多数人做"挡箭牌"

从众是很多人都会有的一种心理，这些人往往缺乏主见，经常模仿别人的行为。一个典型的例子就是人们在过马路时，明明知道不能闯红灯，但是一旦闯红灯的人多了，人们总是会选择跟随。就算不喜欢闯红灯的人看见别人都走过去，也会选择跟随。

由此可见，从众的人的想法是，其他人都已经这样做，如果自己不这样做，那就是在搞特殊。而且能被大多数人接受的选择意味着是安全可靠的选择。在这种情况下，假设我们想说服一个人，那就可以由从众心理入手，达到说服对方的目的。下面结合具体案例来看一下。

在直播销讲中，当一位消费者看中了一套化妆品，却没有想好要不要买时，主播可以说："您的眼光真好，这套化妆品的销量很好，每月都会卖出1万多套，许多女性消费者买回去用了以后都觉得效果好，因而选择回购这一套化妆品呢！"如果消费者还在犹豫，主播可以说："其实我自己用的也是这一套化妆品，从上架到现在使用了差不多半年了，美白效果十分不错。"经过主播这样劝说，消费者就很容易做出购买的决定了。

从众原则遵循了消费者的从众心理，主播使用从众原则可以有效降低劝说的难度。在大多数情况下，主播在使用从众原则时都是十分有效的，但是这种方法对于追求个性、喜欢表现自我的消费者而言，常常会起到反作用。

此外，在使用从众原则时，主播向消费者展示的各种数据必须是真实可信的。主播说话需要以事实为依据，不能以虚假信息欺骗消费者，否则会极大地影响主播及店铺的信誉。

10.6 期望原则：了解对方想要什么

从表面上看，说服工作似乎是我们通过说服对方达成了目的，但本质是我们利用技巧和手段去打动对方，对方必须能在这个过程中获得利益或被满足某种需求，才会被我们说服。这就要求我们说服对方时必须了解对方的期待和需求。

而随着社会的发展，人们的竞争压力越来越大，生活节奏越来越快，心理问题也开始频发。大部分成功的说服行为，都能够缓解对方的精神压力，满足其潜在的心理需求。我们在说服别人时，很大一部分内容涉及事业、情感，一小部分涉及生活琐事。无论针对哪一种情况，我们都有必要了解对方的心理需求，并在说服过程中尽量予以满足。

例如，在直播销讲中，主播要努力挖掘消费者的爱好，了解消费者想要什么。直播带货的目的是销售产品，只有产品满足消费者的需求，才能够被消费者所购买。主播可以从寻找消费者兴奋点与寻找消费者痛点这两个方面入手，进行产品销售。

1. 寻找消费者兴奋点：聚焦产品核心卖点，打造不同之处

产品的核心优势是最吸引消费者的地方，为了激发消费者的购物热情，实现产品销售，主播需要在了解消费者需求的基础上寻找消费者的兴奋点，聚焦产品的核心优势，打造产品的核心卖点，突出产品的与众不同之处。主播可以从以下两个方面入手寻找消费者的兴奋点，更加准确地进行产品推荐。

第一，抓住消费者需求的兴奋点。

主播在推销产品前一定要充分考虑产品受众的普遍特性。消费者对产品有需求，一定是因为产品的某项功能戳中了消费者的兴奋点。因此，主播在推销产品时需要向消费者反复强调产品的核心卖点，激发消费者的购物热情。

例如，某主播在直播间向消费者推荐了一款祛痘霜，并通过介绍祛痘霜核心功能的方式抓住了消费者需求的兴奋点。市面上的祛痘霜种类繁多，单纯的祛痘功效并不能戳中消费者需求的兴奋点。而这位主播推荐的祛痘霜不仅能够祛痘，还可以消除痘印，使消费者彻底摆脱痘痘带来的烦恼。这不仅是祛痘霜的核心卖点，还是消费者需求的兴奋点。因此，该主播在推荐祛痘霜时，着重强调了祛

痘霜具有祛除痘印的效果，准确地戳中了消费者的兴奋点。许多有痘印烦恼的消费者纷纷下单。

第二，抓住消费者共鸣的兴奋点。

有时候，主播推销的产品并不一定是消费者需要的产品，但消费者依旧愿意购买，就是因为主播在介绍产品的过程中引发了消费者的共鸣，让消费者愿意为这些非刚需产品买单。主播在介绍非刚需类产品时可以通过场景的营造引发消费者共鸣，从而抓住消费者共鸣的兴奋点。

例如，一位主播在推销一款分隔瓶时，就通过场景营造的方式引发了消费者的共鸣，切中了消费者的兴奋点。在介绍这款分隔瓶时，该主播一开始介绍了分隔瓶轻便、便携、密封性好等特点，可消费者的反响并不强烈。

于是，主播接着说道："不知道大家平时会不会经常出差或旅游，每次出门都要带各种瓶瓶罐罐是不是十分麻烦？而有了这个分隔瓶，大家就可以将各种护肤品倒出来密封到分隔瓶中，这样即使出差或旅游也能够做到轻装上阵，十分方便。"这顿时引发了消费者的讨论，大家纷纷表示带大瓶的护肤品出门真的十分不方便。主播的这番话抓住了消费者共鸣的兴奋点，于是很多消费者纷纷下单购买了分隔瓶。

在寻找消费者兴奋点方面，主播可以通过打造产品核心卖点增强消费者对产品的需求，引发消费者的共鸣，从而提升产品销量。

2. 寻找消费者痛点：将痛点转化为卖点

除了寻找消费者兴奋点，主播也可以通过寻找消费者痛点以打造产品卖点。消费者痛点能够反映产品痛点，主播可以从产品入手，从产品卖点、附加服务等方面淡化产品痛点，从而淡化消费者痛点，也可以根据消费者痛点打造产品卖点，如图10-1所示。

通过加强卖点淡化痛点

痛点即卖点　　　　　　　　　　　通过附加服务淡化痛点

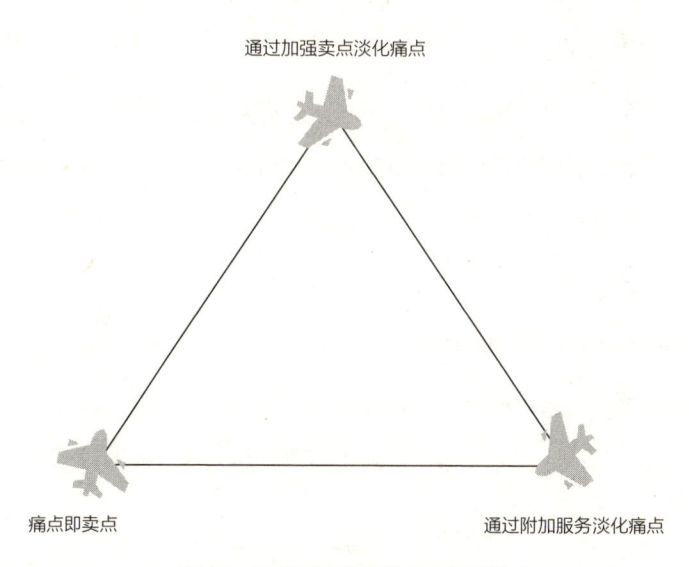

图 10-1　将痛点转化为卖点的方法

第一，通过加强卖点淡化痛点。

当一款产品的卖点能够掩盖其痛点时，主播就可以通过反复强调产品卖点、淡化产品痛点的方法吸引消费者下单。例如，一位主播需要推销一款无线耳机，该款耳机的价格并不便宜，但是其性能十分优越。这时主播就可以通过强调这款耳机优越的性能，展示出耳机的高性价比。产品性价比高这一卖点就能够掩盖产品单价高这一痛点。

第二，通过附加服务淡化痛点。

除了强化产品卖点，主播也可以通过增加产品的附加服务淡化产品的痛点。提供产品附加服务不仅能够淡化产品痛点，甚至还会为产品增加新的卖点。

例如，一位主播向消费者销售了一款饮水机，但由于在生产过程中这款饮水机的零件出现了问题，导致饮水机的滤芯使用寿命变短，很多消费者都向主播反映了这个问题。主播在得知这个问题后并没有选择回避，而是告诉消费者可以到店铺免费更换滤芯，并且凭借购买截图，消费者还能够得到每半年一次的滤芯清洗服务。主播这样的做法成功地使饮水机原本无法回避的痛点变成了服务上的新卖点。消费者认为主播对产品很负责，也就更加信任主播了。

第三，痛点即卖点。

主播通过消费者的需求明确了消费者的痛点后，也可以根据消费者的痛点打造出产品的卖点。这时候主播需要放大消费者的痛点，强化消费者对产品的需求。

一位主播在向消费者推荐一款无线耳机时，就通过放大消费者的痛点强化了产品的卖点。对于消费者而言，使用无线耳机最大的痛点就是如果丢失了其中一只耳机，那么另一只也就不能使用了。

因此，主播在推荐这款无线耳机时着重强调了这款耳机独有的警报功能，当两只耳机的距离超过三米时，该耳机就会发出智能提示，在很大程度上能够帮助消费者避免耳机丢失的问题。

在了解消费者的需求后，主播就能够根据消费者的需求明确消费者的痛点。如果主播推销的产品能够解决消费者的痛点，那么产品的这一特点自然会成为产品的卖点。主播抓住产品这一卖点，自然能够激发消费者的购物热情，提高产品的销量。

10.7 案例：如何拥有一个好的演说开场白

好的演说开场白是演说成功的一半，其能够快速吸引听众的注意力，为后面的内容做铺垫，也能够快速活跃气氛，让现场火热起来。如何拥有一个好的演说开场白呢？下面介绍两个快速开场的方法。

1. 主题句开场

有些演说的时间比较短，因此演说者在开场时可以直奔主题，将演说的开场白总结成一句主题句，起到提纲挈领的作用。

例如，在某个小家电产品招商大会上，王明在面向代理商时，这样介绍演说的主题:"小家电产品要想打破常规、取得突破,要分两步走,发现问题和解决问题。"

王明表示,公司生产的空气净化器就是按照"发现问题,解决问题"的路线进行研发的。王明接下来的演说围绕开头的主题句展开,介绍了当前客户面临什么样的问题,产品又是如何解决这些问题的。

"市面上的空气净化器存在以下问题,如除PM2.5的效果不可见且没有量化标准,除甲醛的净化器非常少,净化空气导致二氧化碳浓度升高等。基于这样的现状,我们对公司生产的产品从以下几方面入手进行升级:设计能显示PM2.5数值的出风口;使用树脂吸附甲醛技术除甲醛;使用新技术将二氧化碳转化成氧气。"

演说者在选择演说主题句时可以使用较为简明的句子,用一句话把演说内容概括清楚即可,以对后面内容的展开起到提示作用。最好不要使用过长的句子,复杂的句式会让听众一头雾水,抓不住重点。

2. 排比设问开场

除了用主题句开场,演说者还可以尝试使用排比句开场。使用排比句开场可以增强演说者的气势、烘托演说现场的气氛,可以让听众在听到演说之初,就被演说者鲜明的风格吸引,从而达到更好的演说效果。

刘航来自一家女装设计公司，他在该市制造业招商大会上的演说中就运用了排比句开场，介绍了公司的产品，获得了很好的效果。

刘航说道："在未来，想在制造业闯出一番天地，产品项目的优势不可少，产品品牌的优势不可少，产品管理的优势更不可少。要多问这三种优势企业是否具备，且答案必须是肯定的。"

由以上演说开场白可以看出，演说者使用排比句开场除了能增强演说的气势，给人留下深刻印象，还能起到提示下文的作用。演说者可以将演说的主题浓缩成一句排比句，在后续的演说中对具体内容进行展开。

刘航在后面的演说中就具体阐释了排比句的内容："从产品项目的优势上看，产品包括多种不同的风格，应季产品更新迅速，能快速适应市场需求，且价格亲民，可以覆盖更多目标客户；从产品品牌的优势上看，产品设计与国际时尚同步，分为日韩时尚风和欧美休闲风两大板块，连锁店遍布全国几十省，具有品牌知名度；从产品管理的优势上看，项目采用先进的模式化、系统化的经营模式，简单易学可复制。"

和用主题句开场一样，排比设问开场同样先对整篇演说内容进行概括，可以起到提示后续演说内容的作用。演说者可以在平时多加练习，将这些开场方法在演说中积极应用，提高演说的质量。

适当『自黑』可以『化负为正』。

第11章

善用技巧:
融会贯通,变身"说服大师"

说服的根本目的是让双方能够在此过程中共同获益。而在说服过程中,适当地使用说服技巧能够让说服工作事半功倍,如适当使用心理学中的留面子效应、损失厌恶效应等。借助说服技巧,双方都可以在说服过程中获得某种满足,实现双赢。

11.1 留面子效应：为得寸先进尺

某条商业街上有两家早餐店，每天的客流量差别不大。但晚上结账时，左边的店每天都要比右边的店多出二三百元的营业额。这是因为当顾客来到右边的早餐店时，服务员会微笑着问："要不要加鸡蛋？"顾客说要，服务员便给顾客加一个。对于每位进来的顾客，服务员都会问他是否要加鸡蛋，选择加与不加的人数基本持平。

而左边早餐店的服务员也是微笑着问，但问法不同。她问："加两个鸡蛋吗？"客人往往说："一个。"再进来一位顾客，服务员又问："加两个鸡蛋吗？"爱吃鸡蛋的人会说好，不爱吃鸡蛋的则选择加一个，极少数人会说不加。如此，左边的早餐店便总比右边的营业额更高。

这种现象就是心理学中的留面子效应，即在提出真正的要求前，先要求对方做一件比我们实际要求更大的事，被拒绝后再说出真正的要求，对方就会更容易答应。

在直播销讲中，也可以巧妙地使用留面子效应。主播要想更快地销售一件商品，并使消费者认为商品物有所值，那么可以采取一些报价技巧。为商品设置一个锚点价格，就是让消费者有一个可以与商品现在的价格进行对比的价格，从而对商品现在的价格有一个新的感知，认为现在的价格相对优惠，从而购买。

设置锚点价格是商家常用的报价方式。例如，某个乐园会用设置锚点价格的方式来销售年卡。该乐园出售的年卡有以下三种：

（1）可以在周日进园游玩的年卡，售价为1299元；

（2）可以在周日和工作日进园游玩的年卡，售价为1599元；

（3）可以全年不限时进园游玩的年卡，售价为3299元。

大多数消费者在经过权衡之后都会认为售价3299元的年卡价格过高，而且每周只比售价1599元的年卡多了1天可游玩的时间；而售价1299元的年卡虽然比售价1599元的年卡便宜，却少了5天的可游玩时间。

经过这样一番对比，大多数人都会认为售价1599元的年卡价格十分便宜，于是就痛快地办理这张年卡，而这张年卡也是该乐园最想要售出的年卡。在这个案例中，1299元和3299元就是两个锚点价格。

出于追求实惠的心理，大部分消费者在购物时都希望自己能购买到性价比更高的商品。所以主播如果想要售出某商品，并不一定要在最开始就用该商品的低价来吸引消费者，主播可以在报价之前给消费者展示这个商品原本的价格。

主播可以通过展示商品原本的更高价格来让消费者看到商品的价值，再把商品现在打折后的价格报给消费者。这样更能让消费者直观地感觉到自己现在购买该商品获得了最大的优惠，促使消费者下单。

例如，在某次直播中，某主播要售卖一双价格为299元的真皮皮鞋。如果该主播在一开始就和消费者说这双真皮皮鞋的价格是299元，一类消费者可能会认为售价299元的皮鞋价格过高了，而另一类消费者则可能会认为这双真皮皮鞋定价才299元，说不定皮鞋的质量会有问题。因此，两类消费者可能都不愿意购买该皮鞋。

主播在报价前需要先引导消费者了解一下真皮皮鞋的市场价格，让消费者了解到一般一双真皮皮鞋的售价为600元左右，如果是名牌的皮鞋则更贵。消费者有了真皮皮鞋价格都在600元左右甚至更贵的印象后，主播才能更顺利地引导消费者购买皮鞋。

在引导消费者购买皮鞋的过程中，主播需要反复强调该皮鞋的原本价格，再展示现在的销售价格。例如，主播可以说："今天我们店铺的皮鞋清仓处理，现在以成本价销售，原本价值499元的真皮皮鞋今天只卖299元。"

对比主播一开始就给消费者展示真皮皮鞋的折扣价，这种方式可以让消费者直观地体会到主播所销售的皮鞋价格已经远低于市场价格，现在购买该皮鞋更加划算。在了解到这一点后，消费者也就会欣然下单了。

主播在最开始设定一个锚点价格，能让消费者在心中对主播所销售的商品有一个初步的价值判断，这对销售的成功与否有着极大的影响。主播在报价时设定商品的锚点价格，使消费者感受到现在购买该商品能获得优惠，消费者自然会愿意下单，直播间的销售额也自然就会提升了。

当然，留面子效应是否奏效，取决于我们与对方关系的密切程度及我们的需求是否合理。如果我们的需求不切实际，那么这种"先大后小"的策略是不起作用的。

11.2 登门槛效应：得寸再来进尺

心理学中的登门槛效应指的是人们乐于接受较小的、容易完成的要求，在完成了较小的要求后，他们能够慢慢地接受更大、更难一些的要求，如同登门槛一样，一步步从低到高完成。

我们通常会拒绝自己认为困难或违背我们意愿的请求。但当某个小请求我们找不到理由拒绝时，同意的倾向就会增加。当完成后再面对更大一些的请求时，如果我们选择拒绝，就会有认知方面不协调的感觉。为了恢复协调，我们会继续答应下去。这是因为我们在潜意识中想给他人留下持续的好印象。

在现场销讲中我们就可以利用登门槛效应。百事可乐在刚起步时，为了迅速打开市场，采取了直销模式。当时的销售市场允许销售人员待在办公室中，商家需要购买饮料直接来厂里提货。但百事可乐却招聘了许多工作人员，让他们去各个商家门前销售。许多用户并不接受上门推销，但是销售人员并不着急，只是请求在门槛前站一会儿。城市的大街小巷中都有销售人员的身影。久而久之，用户被他们的精神所感动，选择购买一罐进行尝试，在感到味道不错后，又相继购买了几罐。

初步打开销量后，百事可乐又添置了汽车，专用于送货上门。从那时起，百事可乐的销量逐渐增加，并持续依靠登门槛效应，在多个城市实现销量激增，并将产品销售到其他国家。

在我们进行现场销讲时，可以将最终目标分成若干个小目标。在这个过程中，听众每完成一个小要求，其被说服的概率就会增加。

11.3 你离说服别人只差一个关键理由

能够开出让对方满意的条件是说服对方的前提。如果被说服方没有需求，就不会被我们说服。所以，我们在说服对方时，要认真地分析和研究对方的需求，再依照其核心需求给对方一个被说服的关键理由。

例如，在直播销讲中，主播可以根据用户的需求，找出一个关键理由说服对方购买产品。某主播在推荐一款精华时，刚把精华拿出来就和消费者说："本款精华优惠促销，今天下单仅需299元。"虽然价格有优惠，但直播间内下单的消费者却非常少。因为主播在一开始介绍产品时就报出产品的价格，导致很多消费者产生疑问：这件产品值这个价格吗？产品的价格还有没有优惠的空间？如果主播不能解决消费者的这些疑虑，就很难让消费者下单。

同样是推销精华，另一位主播的做法就有所不同。该主播在推销时先和消费者聊天："最近我脸上长痘了，十分心烦，正好昨天店铺新上了一款精华，主要功效就是祛痘。我涂了3天，每天2次，脸上的痘痘果然消了不少，这款精华祛痘真的十分有效。"

讲完这些，主播才将这款精华展示给消费者，并且一边展示一边继续介绍："我是敏感肌，用这款精华也没有什么不适，同样是敏感肌的朋友们真的不能错过。除了祛痘，这款精华还能够改善皮肤的水油平衡问题，我今天就感觉脸上清爽了很多，脸上经常出油的朋友们可以买来试一试。"

该主播先对精华进行了详细描述，并且通过自身的使用体验让消费者更加确信这款精华的功效。同时，主播的介绍让消费者明确了该精华的优点，激发了他们的购物热情。

这时，主播终于报出了价格："这款精华是店铺新上的产品，现在下单享受8折优惠，只要299元。平时大家解决痘痘、皮肤的水油平衡问题都要买两款精华，今天这一款精华就能解决这两个问题，相当于花一款精华的钱买了两款精华，想要尝试的朋友可要抓紧时间下单哦！"

其实该主播所推销的精华的价格在同类产品中并不占优势，但他通过详细的讲解，抓住了部分消费者的痛点，使他们对该精华所能达到的效果产生了期待，为他们购买产品找到了关键理由。消费者对于产品的期待值越高，其对于产品价格的接受程度也就越高。主播只需要抓住时机报出价格，就能让更多的消费者愿意购买产品了。

想要找到关键理由顺利说服别人，首先我们要厘清对方的需求。一个人的需求是极其复杂的，我们必须清楚对方不同需求的重要程度，找到最关键的那个需求，将其当作说服关键点并据此为对方开出条件。

其次要强调我们的关键理由能给对方带来的利益。我们在说服对方时，如果能够将关键理由给对方带来的利益强调出来，那么对方就会感觉到我们在为他着想，进而给予我们信任。

最后一点也是最关键的一点，是我们要全程注意说服的节奏。如果我们一开始就将自己的目的表露出来，那么对方有很大的概率会拒绝我们。所以我们要把握好节奏，进行充分的预热，和对方多进行交流，从谈话中推断他们的需求。

11.4 信息操控理论：操控信息和自己"站队"

信息操控理论指的是，在正常情况下，人们在演说时会秉承一定的演说准则，但部分人为了达到说服他人的目的，会违反这些准则。在日常生活中的具体表现是，我们在说服他人时，常常会采用一些误导性的语言来达到说服目的。

演说准则通常包括四个：第一是完整准则，即信息完整丰富；第二是准确准则，即信息准确可靠；第三是关联准则，即信息与演说高度相关；第四是态度方式准则，即表达方式必须简洁准确，如有需要可以佐以肢体、眼神等非语言行为来表达观点。

而当我们使用信息操控理论来说服他人时，可以适当对信息进行加工。

例如，一些直播间为了激发消费者的购买欲望，会推出购物满××元赠送大额优惠券的优惠活动。但是优惠券一般都有使用门槛，例如，满200元减100元，消费者需要买满200元的商品才能用优惠券。

但要注意的是，使用信息操控理论一定要适度，不能为了达成说服目的而把黑的说成白的，毫无原则地去操控信息是不被允许的。

11.5 损失厌恶效应：先告诉对方他将失去什么

损失厌恶效应是说服过程中常见的一种效应。演说者通过直接表达的方式让对方看到身边潜在的危害并将这一问题放大，传达"若不认真保养，每年就会比同龄人多老一岁"之类的损失性信息。而对方为了减少损失，会对演说者能够提供的某种条件产生需求感，从而使演说者达成说服的目的。

某大学的研究人员伪装成电力公司雇员进行了一项调查。他们告诉A组用户，使用一款新技术产品可以每天节省一些电；B组用户则被告知，如果不使用新技术产品，每天会多损失3元电费。最终，B组用户中使用新技术产品的人数是A组用户中的3倍。

这就是心理学中损失厌恶效应的典型表现。相关心理学家对被说服者的行为做了分析，其得出的结论是："对方在答应演说者时，能够从中获得某种实惠或一定的安全感。"

例如，有时候在直播销讲中，主播所推销的产品价格较高是由于该类产品的市场价格就很高。所以即使消费者觉得产品的价格较高，但与同类产品相比，主播所给出的价格依然是较低的。在这种情况下，主播可以通过向消费者展示同类产品的价格表明自己所推销产品的价格优势，并说出价格差距。

主播通过直观的价格对比，让消费者明确自己所推荐产品的价格优势，能够有效地刺激消费者快速下单。此外，主播也可以向消费者强调直播间的减满、折扣等优惠活动，进一步打消消费者的顾虑。

既然损失厌恶效应能够有效提高说服的概率，那我们在使用这

第**11**章
善用技巧：
融会贯通，变身"说服大师"

种方法时，可以从哪些方面入手呢？

首先要了解对方的情绪弱点。使用损失厌恶效应的基础是找到对方所恐惧的东西，调动其害怕产生损失的情绪。因此在说服过程中，我们要根据对方的综合信息找到其弱点，再据此掌握和把控其心理活动，从而达到说服目的。

其次要满足对方的需求。在了解和掌握对方的弱点后，就可以将其作为说服的突破点，根据对方的需求提供相关的条件。换言之，就是给对方一种"我提供的条件能够满足你的需求，只要你按照我的说法做即可"的感觉。这样，就能够激起对方的欲望，使说服率提高。

最后要注意演说的方式。在使用损失厌恶效应时，我们需要注意演说的方式。因为类似"若不认真保养，每年就会比同龄人多老一岁"的说法在语气上较为生硬，部分敏感的听众在听到这样的话时，可能会产生抵触心理或者逆反心理，最终使说服工作失败。

因此，我们在使用这种方法时，最好从正反两个角度进行说服。比如，同样是说服他人使用保养品，从正面角度我们可以说"您现在的皮肤状态特别好，坚持保养一定比同龄人漂亮"；从反面角度我们可以说"但您要是不认真保养，您的这个优势就没有了"。

使用损失厌恶效应的核心是使对方感受到我们提供的条件的止损作用，即让对方觉得如果不答应我们，就会给自己带来一定的损失。

11.6 结果导向：先说结果，再说过程

很多时候，我们说服对方的关键不在于道理讲得多么深刻，而在于对方是否用心回应了我们。当我们在与对方分享某些内容时，具体的表达方式要视对方的情况而定。如果对方只对结果感兴趣，那么我们就不必分享过程。

我们在给对方讲述一件事情时，往往会不自觉地把对方的感受放到次要位置。我们可能会沉浸在"讲故事"的模式中，而忽视了对方的回应。例如，管理者在与下属谈话时，会不自觉地把重点放在道理上，希望用深刻的道理使下属有所提升。这样其实与我们的目的相悖。

因此，在说服的过程中，我们必须秉持着"对方的回应最重要"的原则。一旦发现自己偏离了这个原则，就要及时纠正，否则会让自己的无用功越做越多。

例如，在直播销讲中，主播要想把握消费者的需求，就一定要学会倾听、回应消费者的声音。这是最直接的了解消费者需求的方法。小杨是一名本地带货主播，由于他喜爱吃辣，因此经常售卖香辣食品。但小杨的直播间销量不佳，消费者的回应也很少。当小杨发现无人回应自己时，便开始寻找问题，最后发现本地人饮食偏清淡，对香辣食品并不感兴趣。于是，小杨开始售卖清淡养生类食

品，最后取得了不错的成绩。可见，在演说时，我们要多多关注他人，才能获得他人的回应。

同一个人在不同时候的精神状态也有所不同。我们的演说方式除了因人而异，也要"因时而异"。如果对方心烦意乱，那么我们就不应该再把一件事从头到尾地讲出来；如果对方心情很好，那么我们可以把事情讲得更细致，使其更充分地理解事情的来龙去脉。

我们要表达出对对方的理解、认同和期望，让对方感受到更多的正能量。为了避免说服时的话语过多给对方造成压力，我们可以多使用一些肢体语言，比如肯定的眼神、鼓励的微笑、表达期望的拍肩动作等。

无论在何种形式的说服过程中，我们都不必在意"对与错"，而应该追求有效说服。如果对方的回应是应付式的，那么我们分享的观点再合理、再正确，也不会产生任何效果，"对与错"也就成为没有意义的概念。所以，把对方的回应与感受作为说服中最关键的部分，是实现有效说服的一项重要原则。

11.7 反面论证：提出反面论据，然后驳斥它

反面论证指的是从论点的对立面入手，借反面论点的错误性来

衬托正确论点。

这也是一种说服他人的有效方法。通常我们在说服他人时，会急于摆出许多道理，而对方会对这种枯燥的道理感到厌烦。一旦他们无法听进去，就不会思考我们所说的话，甚至会打消和我们交流的想法。而在使用这种方法时，我们需要打破常规思路，将正话反说，借此来吸引对方的注意力，提高对方对我们的关注度。

举例来讲，甲主播在直播销讲时说："这款产品可以修复肌肤屏障。"直播间的消费者无动于衷。乙主播在直播销讲时说："您不想在脸部保养方面落后于同龄人吧？没有好的产品是不行的。"就能瞬间引起消费者的注意，激发消费者的购物热情。其实，这两种场景的不同之处只表现在正话和反话的区别上。甲主播说正话，消费者就不愿意购买；乙主播说反话，消费者就有了思考空间，也会愿意听乙主播接下来的说法。这种反面论证通常是很好的开场白。

那么，我们在进行演说时，应该注意哪些技巧，才能发挥出反面论证的最佳效果呢？

首先，以反例引起对方的兴趣，这便于接下来打开话题，为说服工作打下良好的基础；其次，反例要与对方切身利益相关，我们在使用这种方法时，需要考量反例与对方的关联程度，这样才能迅速引起对方的注意；最后，注意说反例时的分寸和尺度，一旦分寸掌握不好，就会使对方理解不到我们的真实意图，影响双方之间的沟通。

在使用这种方法时，我们应该注意演说的语境和对方的性格特点。一般在对方表现出比较固执的性格特点时，我们就可以使用这种反面论证的方式，吸引对方的注意。

11.8 互惠心理："受人玫瑰"理应"回以余香"

互惠心理同我们对社会的期望和回报他人善行的心理密切相关。无论我们生活在什么样的背景下，都会受互惠心理的影响。

有两名心理学家通过邮寄圣诞贺卡证实了这种心理。他们从某市随机挑选了约六百名陌生人并给他们邮寄节日贺卡。其中有五分之一的人回寄了贺卡，有的还回寄了礼物和信件。虽然这些人与这两名心理学家并不熟悉，但他们觉得"受人玫瑰"理应"回以余香"，故而回寄了礼物与贺卡。

在说服过程中我们也可以使用这一法则，通过提供帮助来引导对方产生个人需要。例如，两方在商业合作的过程中，为了达成合作，经常会有一方选择让利。另一方在利益增加后，会在潜意识里觉得亏欠对方，因此会同意和对方合作，并在后续合作过程中更用心一些。

又如，主播经常用抽奖送自用产品的方式与消费者展开互动。

在向消费者推销商品时，自用产品更能获得消费者的信任，而以自用产品作为抽奖互动的礼品更能体现主播的心意。

主播可以在介绍完产品后，顺势将手中的产品作为奖品进行抽奖，赠送给消费者。通过抽奖赠送自用产品也能够提高消费者对主播的好感度，增加直播间的人气，吸引更多的消费者参与到直播抽奖的活动中来。

而将自用产品赠送给消费者后，部分中奖消费者的反馈能够验证主播所说的内容是否属实、有无夸大成分。如果消费者的反馈良好，印证了主播对于产品的介绍的真实性，那么就会增加主播的可信度。那些没有抽中奖品的消费者也会因此相信主播的推销并购买产品，进而有效提高产品的销量。

将自用产品赠送给消费者也能提高主播直播间的趣味性，增加主播与消费者的互动和交流，拉近主播与消费者的距离。消费者的参与度与兴奋度也随之提高，主播推荐产品的点击率与购买量也会因此提升。

主播通过抽奖送自用产品的方式增加销量也是利用了互惠心理。互惠心理起作用的主要原因有两个。

第一个原因是对方在免费获利时，会对我们产生一定程度的愧疚感。他们会自然而然地想要做点什么来回馈我们，这时我们进一步说出自己的要求，对方往往会很痛快地答应。

第二个原因是对方会在这一过程中承受一定的社会压力。人与人和平共处的一个前提是互惠互利。这种互惠原则也是人际交往中的原则,若有人违背这一原则,就会承受一定的社会压力。

尽管天下没有免费的午餐,但我们潜意识里还是对"免费的午餐"有种期待感。因此在说服他人的时候,我们可以运用这种心理效应对对方进行引导。对方在获利的时候,就是我们的说服概率提高的时候。

11.9 案例:如何说服一个拒绝过你的人

"我现在没有时间"是我们经常听到的拒绝语之一。我们应该知道,当对方说出这句话时,他的潜台词就是"你没有引起我的兴趣"。针对这种情况,我们要揣摩对方的心理活动并据此来思考对策。

陈某想要创立一家公司,但资金不足。于是他找到了投资人刘经理,对刘经理说:"是这样,我了解到您这里能够提供××项目的启动资金。我手头有一个项目需要资金支持,您看您什么时候有时间,我们见面聊一聊可以吗?"

刘经理干脆地回答道:"不好意思,我现在很忙,没有时间,等过段时间再说吧。"

陈某听完没有放弃,而是精准、简要地阐述了他的项目和同类项目的差别，以及他的项目的优势，并诚恳地表明希望刘经理能给自己一个机会。

刘经理听完后思考了一下，让陈某下周一再打电话。陈某乘胜追击，说："刘经理，不如我们现在就约个时间吧？下周一的上午9点还是下午3点？"

刘经理表示不确定，陈某说："这样吧，刘经理，我们暂时定在下周一上午9点，好吧？如果您那边有事，到时候我们再改时间。"

可以看出，刘经理虽然以没时间为由拒绝了陈某，但是陈某并没有放弃，而是简明准确地阐述了自己项目的优势，而且一步步和刘经理确定了见面的时间。

当被对方拒绝时，首先，我们要分析对方所用的借口是真是假。如果是真的，那么我们可以根据这个借口制定对策；如果是假的，那么我们需要想办法来留住对方的心，让对方产生与自己交流的意愿。

其次，我们要对对方表示理解然后继续沟通。虽然我们知道对方是在找借口拒绝自己，但是千万不能抱怨对方，否则会适得其反。

理解对方的不易，能够在很大程度上获得对方的好感，减少其对说服行为的抵触心理。

最后，我们要适当运用利益做引导。对方会找借口拒绝我们，本质是因为对方对我们提供的信息没有兴趣，这时我们就要抛出恰当的利益来吸引对方的注意力。

我们不必在意说了多少话，而要在意对方听进去了多少话。

第12章

禁忌与易错点:
你为什么无法说服别人

为什么有的人说服别人的成功率很高，而有的人说服别人的成功率却很低呢？难道是前者掌握了更高超的说服技巧吗？

很多时候我们无法说服别人，不见得是缺乏说服技巧，而是可能犯了一些不该犯的错误而不自知。一个严重的错误可能让我们之前的所有努力付诸东流。这是我们不愿意看到的结果。想让演说发挥出最佳效果，不仅要注意说服技巧，也要注意一些演说时的禁忌，在演说时避开这些易错点。

12.1 少评价你不了解的领域

在演说中，常常会有这么一类人，他们为了展示自己学识渊博或为了在某件事上说服对方，对各种事情都评头论足一番。但其实这个行为很容易"翻车"，稍有不慎就会暴露自己的短板，甚至因为不懂装懂引起他人的反感。

首先，"评价"这个行为，如果运用不得当，会给人带来非常负面的感受。假设你评价一个人，如果评价是正面的，对方可能会欣然接受；但如果评价是负面的，对方嘴上不说，心里难免会产生隔阂，这个隔阂很有可能会影响你们的后续交往。假设你评价一件事，得出的结论刚好和对方不一致甚至正相反，那你们之间就很可能会发生一场争论。而这些本来是可以避免的。

情商高的人从不轻易评价人和事，这是因为他们知道如果没办法全面地了解一个人、了解他的生活处境，那就没有资格去评价他的好与坏。但通常情况下我们不可能对一个人有百分之百的了解，因此很难对别人做出客观的评价。对事的评价也是如此。不客观就会偏颇，所以高情商的人不会随意去评价人和事。

其次，对什么都习惯评价一番的人难免会遇到自己不了解的领域，这个时候他很容易被习惯驱使着做出评价，但因为对这个领域不够了解，他做出的评价很容易出现错误。如果在场的人里恰好有这个领域的专家，那场面就会变得很尴尬了。从此以后，他在别人心中的权威性、可信度都会大打折扣。即使再遇到自己精通的领域，他做出的评价恐怕也很难服众了。

我们在演说的时候，最忌讳不懂装懂。例如，演说者在演说时可能会用成语来显示自己学识渊博，但是其可能经常望文生义，导致用错成语。"万人空巷"就是一个经常被用错的成语，常常被错用于形容人少，但其正确的含义是家家户户都从巷子里走出来了，常用于形容庆祝、欢迎等盛况。如果演说者在演说时不懂装懂，用错成语，可能会显得更加尴尬。

品牌学家高韬曾说："对自己不了解的领域，闭嘴。"对于不了解的领域，我们是少说少错，多说多错，不说不错。闻道有先后，术业有专攻，对不了解的领域不做评价，并不是一件丢人的事，而是坦诚、专业的体现。

要规避这个错误其实很简单，首先，对于不清楚、不了解的领域，适当地降低自己的表达欲望，不要去做评价。一时的逞能并不能代表你学识渊博，一时的沉默也不会让人觉得你才疏学浅。其次，如果控制不住自己的表达欲，那就先对这个领域进行深入了解，确保你的评价是在有客观依据的基础上做出的，是准确无误的。如果没办法做出这样的评价，那就像高韬建议的那样，暂时"闭嘴"吧。

12.2 自说自话，只会让人反感

很多人在听其他人讲话时能做好一个聆听者的角色，但一旦轮到自己发言，就总是自说自话，顾及不到别人的感受。等发言结束之后，当事人才很尴尬地意识到自己说话没有人听。

这是因为在说话的时候，很多人容易把自己放在首要位置，不能及时做到将心比心，推己及人。

我们经常会遇到这种情况：一群人聚在一起聊天，轮到某个人说话时，他说的话都是其他人没办法接或者不感兴趣的，为了顾及面子，其他人虽不会打断他的发言但也不会认真倾听，只会默默记下来，以后尽量减少和这个人沟通交流的次数。

自说自话的行为很像给别人解释梦境，也许当事人会觉得绚丽多彩、趣味横生，但因为缺少逻辑性和连贯性，旁人听起来会觉得非常难以理解甚至枯燥乏味。

要知道，我们说话的最终目的不是单方面发泄，而是让对方接收我们传达的内容。如果你说出来的话让对方难以接收，长此以往对方就会觉得反感。

例如，主播在进行直播销讲时，一般都会有消费者询问一些没有听明白的问题，比如商品的细节、优惠活动等。大部分主播会对消费者的问题进行回答，但也有部分主播专注于介绍商品，不理会消费者的询问。这类主播的直播间观看量往往相对较低，这是因为他们在自说自话，而没有真正考虑到消费者的需求。消费者没有得到回应，自然也不会购买商品。

那么要怎样才能避免自说自话呢？答案就是在演说中一定要多站在对方的角度考虑，不能只考虑自己。对方喜欢听什么话，对方对什么话题感兴趣，要怎么说对方才更乐意接受，都是我们在演说中需要考虑的问题。

美国大城市街头的乞讨者，他们的标语大多是"我失业了，请帮助我""家里还有孩子需要喂养"之类的，稍微有些创意的还会写"太正直了，所以不去偷窃"等，但他们通常得到的帮助都很少，原因就在于他们的标语完全是在自说自话，以自我为中心，而没有从施舍者的角度考虑问题。

为了解决这一问题，美国营销专家派崔克·雷诺伊斯进行过一个有趣的尝试。他在旧金山把一个街头乞丐的标语改成了"如果是你在挨饿，你会怎么做？"并且把标语中的"你"字写得十分明显。结果乞丐的收益在随后的两个小时内翻了六倍。

这不仅是一句话的力量，还是换位思考的力量。当我们在说话时更多地为对方考虑，以对方更能接受的方式斟酌语言，能最大程度地避免自说自话的现象发生，我们的演说质量和演说效果也会得到大幅度提高。

12.3 你是心直口快还是口无遮拦

在生活中，我们有时会遇到这种人，他们自称"直来直去"，但说出来的话总是直戳人的痛点，很容易伤害到别人。这个时候如果有人怪罪他，他又会觉得自己只是心直口快，并非故意要伤害别人。

其实他们的话语之所以会冒犯到别人，并不是因为他们所谓的"心直口快"，而是因为他们说话的时候分不清"心直口快"和"口无遮拦"，把两者混为一谈了。会伤害到其他人的，往往是那些"口无遮拦"者说出来的话。

心直口快绝不等同于说话不经过大脑。心直口快的人指的是那些真诚、正直、为他人着想、不隐瞒自己想法的人，但这并不代表不顾及别人的感受。心直口快的人说话是有选择性的，他们会照顾其他人的感受，选择用对方能够接受的方式表达自己的看法。而口无遮拦的人不会刻意考虑哪些话应该说，哪些话不应该说。他们以自我表达为第一要义，对其他人的感受漠不关心，因此总会出口伤人。也许他们并不是故意的，也许他们只是习惯使然，但不管怎么说，他们的话始终给其他人带来了伤害。

例如，一名主播外形不错，踏实肯干，但是直播间流量总是不大，销量也上不去，究其原因便是他口无遮拦。有消费者在直播间询问 140 斤是否能穿进 M 码的衣服，这位主播便说："你都这么胖了还关注外形呀？不如带着大家去减肥吧。"直播间的气氛瞬间变得凝重。

还有一次，在售卖护肤品时，一名消费者说自己 30 岁了，不知道这款产品是否适合自己，该主播看了评论以后，露出一副很吃惊的样子说："30 岁了就不太适合我们的产品了，我们的产品都是售卖给 20 岁出头的年轻女生的。"后来这位消费者再也没有来过他的直播间。

偶尔有那么几次该主播意识到了自己说的话不合适，便向消费者解释说："我就是心直口快，你们别介意。"即便有些消费者嘴上说着不介意，但惨淡的直播间人数便是其口无遮拦的后果。

村上春树曾说过："很多人都会说这样的话'我这人心直口快，不会拐弯抹角；我这人敏感脆弱，难以与人打交道'。然而我多次目睹敏感脆弱的人无情地伤害他人，心直口快的人不自觉地再三强调于己有利的歪理。"村上春树的这番话就是在说那些口无遮拦给人带来伤害却又自称心直口快的人。

口无遮拦的人伤害别人的次数多了，就会给人留下没有教养的印象。

心直口快和口无遮拦，最简单的区分方法就是看你说出的话有没有对别人造成伤害。如果有人因为你说的话而感到不愉快，那下次再演说时就要多考虑自己这么说话是否合适。在演说的时候，我们要多站在对方的角度思考，想一想对方听到这句话会不会不高兴，不能只凭自己的感觉来判断。只有当你说的话不会对其他人造成伤害时，他们才会更愿意听你说话。

12.4 说话不知所云，怪不得没人听你的

我们进行演说的目的是让别人快速地获悉我们的想法。如果在演说时没办法准确表达出自己的想法，听者就会感到迷茫，搞不清说话的人到底想要表达什么。

在演说时不知所云，是很多人都容易出现的问题。所谓不知所云，其实就是演说的时候抓不住重点，什么都想说，恨不得事无巨细全盘托出。但在说的时候又没有逻辑顺序，想到哪说到哪，让听者难以跟上思路，这样的表达是无效的。

要想摆脱不知所云的表达习惯，我们需要注意两点，分别为演说有重点和演说有条理。

演说有重点的关键是要从很多信息里准确地挑出需要传达的信息，然后尽量简洁地进行传达。在新闻学的倒金字塔模型中，人们普遍按照"最重要的事情写在最前面"的原则撰写稿件。我们在演说的过程中，也要把最关键的内容作为重点进行传达。而所谓最关键的内容，就是对方最关心的、最想从我们这里了解到的内容。

例如，很多演说者常犯的一个错误就是试图通过一次演说传授自己的毕生所学。TED 演说创始人曾设立了一个很重要的规则，即在一场演说中只能专注于传播一个观点。很多 TED 演说没有被发布在官方网站上，最主要的原因就是演说主题不明确。

因此在演说时，演说者最好只聚焦于一个主论点，所有分论点和论据都为这个主论点而服务，以使主论点在听众的心里深深扎根，产生持久的影响力。

在发表演说前，演说者要先明确自己要传播的观点，即选择自己希望通过演说传达的单一信息，并且要对演说内容有着透彻的理解。此外，专注于一个论点可以让演说者的演说更加精彩。

著名的管理咨询公司麦肯锡公司曾因为缺乏表达和总结能力经历过一次惨痛的教训。该公司的负责人和一名重要的客户在电梯里相遇了，客户向负责人咨询了项目的进展，然而由于负责人没办法在电梯升降这很短的时间里把项目进展说清楚，麦肯锡公司最终失去了这名客户。后来麦肯锡公司提出了著名的"30 秒电梯理论"，要求公司的员工要在 30 秒的时间内把事情说清楚。

我们在平时演说的时候，也可以通过这种在规定时间内陈述某件事的方式练习重点的归纳与总结。除此之外，讲话的条理也很重要。在我们确定了演说的内容后，下一步就是把它们条理清晰地讲出来。

演说有条理，一是要求讲的话之间要有联系。这些内容之间可以是因果关系，比如"因为今天下雨了，所以我不出门"；可以是并列关系，比如"今天这里下雨，明天那里下雨，天天都有地方下雨"；可以是递进关系，比如"今天的雨不仅下得大，而且时间也长"；也可以是转折关系，比如"虽然今天下雨了，但是我带伞了"。

总之，我们讲的内容之间一定要有所关联。如果说出的话前言不搭后语，比如"今天下雨了，我喜欢钓鱼"，就会让听的人感到莫名其妙。

二是要求我们的演说内容要有一定的逻辑顺序，层层递进。如果演说没有逻辑顺序，那么演说的内容就会变得很跳跃，听众接收起信息来也会变得困难。

例如，演说对于听众来说是一个接收信息的过程，在短时间内接收大量信息是一件比较耗费脑力的事情，听众也很容易感到疲乏。如果演说者能够为自己的演说设置梯度，循序渐进、由浅入深地进行讲解，就可以在很大程度上减轻听众的思想负担，确保听众在听演说的过程中不会太"烧脑"，获得更优质的聆听体验。

演说者要保证演说内容层层递进，循序渐进地将气氛推向高潮。所谓高潮，即演说中最精彩、最激动人心的时刻。在处理高潮部分的演说内容时，演说者要在理论上说服听众，在内容上吸引听众，在感情上感染听众。

在演说时，演说者可以先描述演说的背景；再表达主题，即介绍演说的核心内容；最后对自己的演说进行总结、升华，通过一个完美的收尾让听众留下更深刻的印象。

在演说过程中,演说者也可以别出心裁增加问答环节,以加强自己与听众之间的互动,让听众的立场与自己保持一致。如果现场没有听众提问,那么演说者可以提前准备好问题,引导听众说出答案,并给予听众鼓励式的回应。

12.5 把"可能性"说成"必然性"

很多人在演说的时候都有一个不好的习惯,那就是爱把一件事的"可能性"说成"必然性",把可能会发生的事说成一定会发生的事。有时候我们这么做是为了吸引别人的关注,有时候是为了让其他人安心,有时候则是为了表现自己自信的心态。但不论我们出于什么原因做出这个举动,都有可能会产生负面后果。

严谨的人在演说时很少会使用这种绝对的说法。他们常常使用"可能""也许""尽量"这类含有不确定意味的词语,给自己留下回旋的余地。话不说得太绝对,是一个人情商高的表现。

某公司需要派人去参加一个演说比赛,老板把这个参赛任务安排给了小顾并问他能不能做到。小顾其实对这件事并没有把握,但看到老板这么看重自己,还是答应了下来,表示没问题。

几天后老板再找到小顾,询问演说比赛的准备进度,问他是否有信心完成，小顾仍旧表现出有信心能够完成的样子。又过了几天，老板亲自查看小顾的演说比赛稿，才发现小顾的稿子写得很差，追问之下小顾才说出了实情。

原来，他对这个比赛根本不了解，自然也不可能做得好。结果可想而知，小顾遭到了严厉的批评。

把话说得太绝对并不是自信的表现，反而说明说话的人不会给自己留余地。在生活中，对于不确定、没把握的事情，我们一定不能轻易做出承诺。世事无常，很多事情的发展不是人可以控制的。若一味地夸大事实，再三进行保证，一旦出现意外，尴尬的就是说出"绝对没问题"的人了。而且出现一次问题后，这个人以后再说类似的话时，其他人也会对他心存怀疑，不会再那么相信他了。

曾仕强教授曾说："话不能说太满，当你说'一定'的时候就已经错了。"

刘某是一名推销化妆品的主播，经过两年多的经营，她的直播间已经拥有了20余万的消费者，其本人也建立了"刘某推荐，质量看得见"的标签。刘某在每次直播时，都会有众多新老消费者前去观看，许多消费者都十分信赖她所推销的产品。

然而，刘某的直播却发生了意外。在某次直播中，刘某向消费者推荐了一款粉底液，并用夸张、绝对的语气讲述其不脱妆的特点。经过她的热情推荐，许多消费者都纷纷下单购买了这款粉底液。

然而，消费者在使用这款粉底液时却发现效果并不好，上妆1个小时左右就会出现脱妆的现象，这和刘某在推销产品时讲的"不脱妆"大相径庭。问题发生后，消费者纷纷在刘某的直播间中发表负面评论，甚至有一些消费者表示再也不会购买刘某所推荐的产品。

得知情况后，刘某在第一时间为这些消费者退了款，并将处理结果及道歉声明发布在了微博上。刘某还专门开了一次直播，对消费者表达了歉意，并表示自己以后会更加严格地挑选产品。虽然刘某及时对这件事情进行了处理，但这件事依然对她的声誉造成了很大影响，其直播间也因此损失了几万名消费者。更为严重的是，经此一事，她再也不能用"刘某推荐，质量看得见"这一标签了。

我们在和别人交流的时候，凡事都不能说得太绝对。只有给自己留下余地，才能进退自如。

12.6 前后矛盾，想到哪里说哪里

如果一个人在演说的时候没组织好语言，想到哪里说哪里，就很容易出现说话前后矛盾的情况。

而说话前后矛盾，轻则闹笑话，让你成为别人议论的对象，重则变为别人攻击你的把柄，引起严重后果。它还会影响一个人在其

他人眼中的形象。在别人看来,说话前后矛盾就证明这个人不是说谎就是出错,意味着这个人的可信度不高。

比如在直播销讲中,一名主播正在售卖保温杯,有一名消费者在评论区询问该保温杯的保温效果如何,主播回答保温效果很好,能够保温十几个小时。这时候,又有另外一名消费者在评论区说到夏天太热了,并不需要太过保温的杯子。主播又改口称,该保温杯的保温效果一般,热水倒进去一会儿就凉了。结果可想而知,最后没有消费者购买这款保温杯。因为主播说话前后并不一致,让消费者无法信服。

社会心理学研究发现,人们在接受一种新观点时,总是会保持一致性倾向,即与之前所接受的观点保持一致。一旦新观点与之前的观点出现不一致的情况,人们就会感到不适、排斥甚至抵触。这也就是为什么人们普遍不喜欢那些说话自相矛盾的人。

在演说时,很多人都会出现演说前后矛盾的问题,大多是因为语言习惯不好,想到哪说到哪,缺少对语言的组织能力。要想避免这种情况,有两点做法可以尝试。

一是对事情有十足的把握再开口,不给自己纠正之前的发言的机会;二是在演说前先组织好自己的语言,在保持观点不变的前提下确定要说的话与自己的观点相符,这样也能有效减少演说前后矛盾的现象。

12.7 案例：如何成为说服别人下单的销售达人

主播在直播间为消费者推荐商品，实际上也是一个打造个人品牌，借助个人品牌引导消费者，引领消费风向标的过程。

主播梦梦就凭借自己的个人魅力成了一名销售达人。"早上好啊各位'铲屎官'，冬天就要来了，快为心爱的主子换上保暖的衣服吧！"早上九点，梦梦刚刚开播，就吸引了大批消费者进入直播间。由于这天是立冬，梦梦就以"冬季新款"为主题为各位消费者介绍直播间新上的宠物服装。

在直播过程中，梦梦向消费者展示了50多款宠物服装，包括各种风格的日常服装及领结、帽子等配饰。每当梦梦介绍完一种产品并放上链接后，都会有消费者争相购买。而梦梦在直播中介绍的许多服装都成了直播间销售的爆款。那么梦梦是如何成为销售达人的呢？

身为主播的梦梦同时也是一名资深"铲屎官"，她养了两只乖巧可爱的布偶猫，而在她开始直播带货之后，两只布偶猫也尽职尽责地担起了模特的任务。在做"铲屎官"的这几年里，梦梦积累了大量养宠物的经验，同时也热衷于为猫咪装扮。

在直播的过程中，梦梦会着重介绍这些衣服的质量，并表示自己的猫咪也是穿的这些衣服，这为梦梦吸引了不少消费者。在介绍产品时，梦梦也会介绍不同衣服有趣的穿搭方式及清洗注意事项等。在直播的过程中，梦梦也会积极地与消费者进行互动，一些消费者会询问养猫咪过程中需要注意的问题，对于这些问题梦梦也会耐心回答。

经过一段时间的经营，梦梦的直播间积累了20余万的粉丝，许多消费者都知道这位"资深铲屎官"，也都知道她有两只乖巧可爱的布偶猫。

后来，一只名为"年年"的猫咪爆红网络。随后梦梦在直播间也为消费者送出了惊喜："哈喽，各位'铲屎官'，今天我们有一位新朋友来到了直播间哦。"而消费者发现这位新朋友就是"年年"。在这次的直播中，除了直播间的固定模特——两只布偶猫，"年年"这位不太配合的模特也穿上了直播间的新款服装。"年年"所穿的这款衣服无疑成了本次直播的爆款产品。

这次直播不仅拉动了梦梦直播间的销量，同时也使得更多的人认识了这位"资深铲屎官"，梦梦的直播间也在短短一周之内涨了5万粉丝。梦梦又借机在直播间、微博、微信等平台上进行了多次推广，举办了各种活动，进一步宣传了自己的个人品牌。

现在的梦梦俨然已经成了"销售达人"，在每次直播中，她重点介绍的产品必然会是当天直播间的销售冠军产品。梦梦通过个人标签的建立、个人品牌的宣传推广成功引领消费者购物的风向标。

对于其他主播而言也是如此，主播需要严把产品质量关，展示自身专业技能，为自己打造个性标签，并结合热点不断宣传自己。通过这样的方式建立起个人品牌并不断推广个人品牌，主播能够引导消费者的选择，成为消费者购物的风向标。

懂的道理比别人多一点的人，犯过的错误也比别人多一点。